一本书读懂婚姻

慧　海——著

民主与建设出版社

·北京·

© 民主与建设出版社，2020

图书在版编目（CIP）数据

一本书读懂婚姻 / 慧海著. –– 北京 : 民主与建设
出版社, 2020.12

ISBN 978-7-5139-3155-7

Ⅰ.①一… Ⅱ.①慧… Ⅲ.①婚姻—通俗读物 Ⅳ.
①C913.13-49

中国版本图书馆 CIP 数据核字（2020）第 221831 号

一本书读懂婚姻
YIBENSHU DUDONG HUNYIN

著　　者	慧　海
责任编辑	周佩芳
封面设计	尚世视觉
出版发行	民主与建设出版社有限责任公司
电　　话	（010）59417747　59419778
社　　址	北京市海淀区西三环中路10号望海楼E座7层
邮　　编	100142
印　　刷	三河市长城印刷有限公司
版　　次	2021年1月第1版
印　　次	2021年1月第1次印刷
开　　本	710mm×1000mm　1/16
印　　张	13.5
字　　数	220千字
书　　号	ISBN 978-7-5139-3155-7
定　　价	48.00元

注：如有印、装质量问题，请与出版社联系。

前言

　　中国有很多老话，都是经过实践证明了的"醒世名言"；然而，自由恋爱时代的我们，却渐渐将这些老话当作糟粕和耳旁风给抛弃了。事实上，这些老话却是人们用很多教训才获得的真知。比如"婚前睁大眼，婚后闭只眼"，别说你是痴情人，别说"全世界我都可以放弃，只有你值得我去珍惜"，等你曾经沧海之后，就会发现，门当户对是亘古不变的真理，柴米油盐是千古不变的生活。所以在结婚前，还是要学习如何选择爱人，如何经营婚姻，不是教人婚前挑剔，更不是教人婚后隐忍，而是教人学会正确看待婚姻这件人生最重要的事，正确处理婚前婚后的各种问题。

　　当下的都市，大龄女性越来越多，大龄男性也越来越多，很多人都在婚姻的大门前彷徨、徘徊，都希望婚后生活如伊甸园般梦幻灿烂。真实的婚姻生活却充斥了柴米油盐、一地鸡毛的小事，而婚姻的幸福，也需要两个人去共同维护和经营。

　　随着现代生活水平的提高与压力的增加，人们对婚姻有了更高的要求，婚姻里上有老下有小的小夫妻，不仅是忙碌的工薪族，还是辛苦的婚姻中人。那么，如何才能让婚姻生活越来越轻松，让家庭越来越幸福呢？幸福家庭的基础是丰厚的物质、稳固的感情。闲暇之余不妨和你的另一半一起打开本书，读懂婚姻，在共同的学习中加深感情、巩固家庭，学会经营婚姻、经营家庭。

目录

第三章

如何快速适应自身角色的转变

第四章

如何经营自己的婚姻

第一章
带你了解婚姻的前世今生

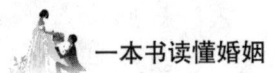

男女的吸引力源自先天条件

同性相斥，异性相吸，这是磁铁的物理属性。然而男女到底能不能吸引对方，产生爱情，还要看双方是否具备爱情吸引的先天条件。所谓才子佳人、郎才女貌的故事之所以能成为流传千古的爱情佳话，就是因为各自具备吸引对方的先天条件。如果陈圆圆没有倾国倾城的美貌，何以引得吴三桂"冲冠一怒为红颜"，从而改写历史，颠覆帝国？如果埃及艳后克利奥·帕特拉不是才貌出众、聪颖机智，又何以成为世界上所有诗人的情妇、世界上所有狂欢者的女主人、凯撒大帝的情人？又怎能成就古埃及 22 年辉煌灿烂的和平史？所以，爱情的吸引力源自先天条件，男人用眼睛恋爱，这是无可辩驳的事实。

美国得克萨斯大学心理学家德文德拉·辛格经过研究发现：当女性腰围与臀围的比例为 0.7 时，最令男人心驰神往。美国新墨西哥大学进化生物学家兰蒂·特霍西尔针对女性的身体对称性进行了长达十五年的学术研究，结果表明：男性普遍认为，身体对称性好的异性更具有吸引力。所以，女性不得不直面这个铁铮铮的事实——男女的吸引力源自先天条件。很多时候，那些不经意间到来的爱情，正是被你的先天条件吸引而来的。

　　为什么会有一见钟情？为什么《西厢记》里的张生与崔莺莺一见面就互生爱慕之心？为什么《白蛇传》中白娘子与许仙偶遇西湖就定下终身？这类闪电式的爱情频频见诸古今中外的文学作品，是剧情需要还是真有其事？爱情的吸引力从何而来？其实就是源于先天条件。

　　据科学研究发现，男女之所以会互相吸引，是因为在各自的成长过程中，就已经把所向往的爱情对象的情况信息储存在自己的大脑中，就像电脑硬盘储存数据一样。这张"爱之图"，最初由父母的形象衍化而来，在成长过程中不断受到外界因素的影响与补充，年龄越大，"爱之图"就越具体、越形象，最终形成固定的爱情准则。当与异性接触时，眼睛就会把捕捉到的有关对方身高、体形、眼神、发色、发型、气质以及服饰等外表信息，通过视觉神经传递给大脑，并与大脑中的"爱之图"做比较，两者越吻合，大脑发出的信号就越强烈。当信号强度达到峰值，爱情的序幕便会在瞬间拉开，人体内的爱情化工厂也就会开足马力，正式推动人体的行动，从而进入爱的旅程。

　　所以，爱情的吸引力源自先天条件，这一原则是有充足的科学依据的，不要苛责男人好色、女人爱财，因为这是男女的天性使然。

　　为什么很多女性求爱不得？这不仅仅是因为她们本身的要求高，多半还因为她们自视才高八斗，自持兰心蕙质，所以喜欢素面朝天、喜欢随性穿着，这就让她们的吸引力大打折扣。爱情，首先通过眼睛，然后抵达内心。眼睛是"肤浅"的，极少有人能够无视外表，直抵对方内心。没有先天条件，就很难吸引异性的目光，别人根本看不到你，又何谈让对方了解到你有趣的内心呢？

　　身边有一位女友，是公司里著名的"剩女"。有一次，她抱着一箱产品乘电梯，面孔正好被纸箱挡住。后面又进来两位男同事，没有认出她来，就肆无忌惮地侃起了公司里的单身女性。聊到她时，其中一位问另一位："你刚进公司的时候不是跟她一间办公室吗？难道没有考虑过她？"另一位回答道："哦，她好像太土了点。"提问的一方笑了起来："难道她自己从来没有意识到，应该好好打扮打扮吗？"

电梯事件后，女友开始转变，开发并利用自己的先天条件，开始注重自己的外在形象。她烫了漂亮的卷发，穿起了妩媚的长裙，蹬上高跟鞋，一个成熟风韵的漂亮女人"横空出世"了。她本来就不丑，稍稍打扮就凸显了轮廓，再加上年龄的优势，成熟性感又风情万种。公司上下都很惊讶，谁能想到这个毫不起眼的剩女竟然也有"先天优势"？最搞笑的是，那位曾经嫌她"太土"的男同事居然主动约她吃饭。原来，有时候遇见爱情只是要开发利用好自己的先天条件。

所以，爱情的吸引力源自先天条件是有事实依据的。几乎所有的女人都希望自己能够一笑倾城再笑倾国，当然，如果先天条件不好，后天也可以弥补。正所谓：没有丑女人，只有懒女人。

先天条件包括：美貌、身材和智慧。有人说，选美比赛之所以存在，就是因为男人好色。几乎所有男人都会爱上绝色美女，而忘记美女身体里那颗心灵是否同样美丽。世俗爱情有非理性的底纹，所以先天条件的第一条，就是美貌。其次，就是身材。男人们都喜欢"魔鬼身材"，到底什么是"魔鬼身材"，不同的男人有不同的看法，但高挑挺拔、性感窈窕，绝对是具有致命诱惑力的先天条件。走在街上，男人的目光，总会在不同的女人身上徜徉。试想，一个干瘪女、一个肥硕女和一个窈窕女，谁能第一时间吸引男人的目光？当然，对于男人来说，智慧的女人也是极具吸引力的，会让他们产生了解的欲望，更愿意去亲近去征服。花瓶女的吸引力是一时的，智慧女的吸引力是一世的。智慧女性的言行举止，眼波流转，都足以吸引对方。没有智慧的女人，即便是有沉鱼落雁、国色天香的美貌，也难以长久地激活男人心中的"爱之图"。智慧是一种亘古的味道，能够让一见钟情变成天长地久。

如果你正好与他的"爱之图"契合，那么你的爱情就会从天而降。所谓萝卜白菜各有所爱，就是因为心中的"爱之图"各不相同。爱情的事情，别着急，月老早已为你牵好红线，就等你的先天条件修炼到家，迎接你的丘比特神箭的到来。

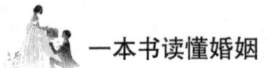

婚姻是私有制的产物

伟大的导师恩格斯说："婚姻是私有制的产物"。也就是说，人类在出现私有财产后，为了确保财产能由自己的后代继承，才不得不让自己的配偶相对固化，于是产生了婚姻。同样，一夫一妻制的产生也是基于私有制，与爱情并无太大关联。

一夫一妻制最初的产生，跟经济的发展有直接关系。那时候人类社会生产力低下，绝大多数的男人养活一个老婆、几个孩子，已经是件不容易的事儿，通常不会考虑再多娶几个老婆。再说，娶老婆是为了共同生活和传宗接代，一个老婆就足以完成这个任务。

一夫一妻制的产生，还与人类的性别比例有一定关系。蚂蚁和蜜蜂的性别比例是一只雌性的蚁王和蜂王对应成千上万只雄性蚂蚁和蜜蜂，自然无法遵从一夫一妻制，而人类却具备这样的条件。人类若是不以一夫一妻制为主导，那么没老婆的人将数不胜数。而没老婆的人通常也不会坐以待毙，荷尔蒙无处宣泄会导致脾气很坏，甚至会抢别人的老婆，直接威胁到社会的和谐稳定。

一夫一妻制之所以长时间被予以认可和推行，甚至被统治阶级以法律形式确立下来，正是基于以上原因。

一夫一妻制的产生，客观上的确有利于保持爱情的专一，但并不是爱情的专一性导致了一夫一妻制。实际上，人类最初的爱情并不是一对一和排他的。母系社会时，一个女性可以同时跟若干个男性有爱情，甚至组成家庭。同样，父系社会后，一个男人的爱情也可以同时与若干个妻子分享。在漫长的时间长河中，这种一对多的方式能在固定的某个时间段内，保持稳定无事。所以说，是人类社会的生产力水平和人类性别比例的自然属性，使人类最终在一个时期内选择了一夫一妻制为主导的婚姻模式。

一夫一妻制虽然很早就成了婚姻的主导模式，但事实上几乎从未被大家严格地执行过。多数情况下，占有较多政治、经济和社会资源，有能力供养多个妻子的人，还是喜欢一夫多妻。即便是现在，世界上很多国家仍然存在一夫多妻制。就目前资料来看，明确实行一夫多妻制的国家有：塞内加尔、乌干达、斯威士兰、埃及、苏丹、埃塞俄比亚、也门、阿联酋、卡塔尔、巴林、约旦、伊拉克、沙特阿拉伯、阿曼、摩洛哥、索马里、喀麦隆等。这些国家主要集中在西亚和非洲。

除一夫多妻制外，还有一妻多夫制。此种婚姻形式即一女子同时可与数个男子有合法婚姻关系，亦为社会文化所允许。推行此种婚姻制度的国家和民族极为少有。一妻多夫制与一夫多妻制都被认为是目前人类婚姻的例外形式，并不是普遍流行的。一妻多夫的主要形式有：有血缘关系的几个兄弟共娶一妻，一般由长子出面迎娶，形成兄弟共妻的事实；朋友共妻，这种婚俗主要流行于印度南部和中亚一带，其形式多为依次同居，不是联合同居，所生子女依序各归其夫，或归母亲所指定的父亲。多夫制除起源于群婚这一婚姻形式因素外，发展到现代，还有重要的经济因素。

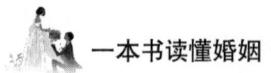

不是所有人都适合结婚

不是所有人都适合结婚。

张爱玲的故事，几乎人尽皆知。在花样的年纪爱上了胡兰成，在送予他的照片后面题了一句话："见了他，她变得很低很低，低到尘埃里，但她心里是欢喜的，从尘埃里开出花来。"如此喜欢，以至于爱得卑微，然而最后，张爱玲还是放弃了花心的胡兰成。张爱玲是聪明的，她懂得，只有放弃这个不该爱的男人，才能爱得更有尊严，才会有真正的幸福可言。

为什么世间总有类似的爱情悲剧？为什么同是婚姻中的人，命运却天差地别？在爱情世界里，有的女人选择当公主，有的女人选择当第三者；有的女人选择被男人宠，有的女人选择宠男人；有的男人选择宠女人，有的男人选择被女人宠。之所以有这样千差万别的爱情，只是因为各自的选择不同。选择了什么样的爱人，就等于选择了什么样的生活。如果选择了善良、真诚、负责的爱人，就可以降低受到伤害的概率。但如果选择了那些不该爱的人，也就等于选择了痛苦和悲伤。是举家和睦、儿孙满堂，还是伤痕累累，全都取决于自己的选择。

并不是所有的人都适合结婚，不睁大眼睛看清楚，就算不上对自己负责。所以，在爱之前，我们有必要认真思考一下，究竟哪些人不适合结婚。

第一种不适合结婚的人：多情的人。多情的人天生浪漫，会写一首首优美的情诗，能唱一曲曲深情的情歌。多情之人对哪个异性都好，天生浪荡花心。就像《倚天屠龙记》里的张无忌，经常蹙着眉头，满眼含情，好一个多情男子。然而，爱上他的每个女人基本都不得"善果"。成疯成魔的周芷若，做了"圣女"的小昭，若不是赵敏霸道强势，恐也难笑到最后。然而，赵敏毕竟是赵敏，聪明绝顶、机关算尽的她，非常人可比。所以，千万别以为，他对你细致入微、关怀备至，就是对你情有独钟、爱不释手。而多情的女人对哪个男人都一往情深，然而最终也难免落得"此恨绵绵无绝期"的局面。因此，多情之人不要爱。

第二种不适合结婚的人：逃避婚姻责任的人。时代越来越进步，观点越来越前卫，许多人打着爱情的幌子，在围墙外翘首以盼，誓死坚守自己所谓的爱情，却不肯走进围城之内，号称自己是不婚主义者。事实上，这就是不愿承担婚姻的责任，不愿意过柴米油盐、平淡如水的家庭生活。这样的人不适合结婚，即便是结了婚，也很难真的承担起为人妻、为人夫的责任，很难和另一半同甘共苦，一起拼搏和奋斗。这样的人别说不适合结婚，连恋爱都不适合，因为一切不以结婚为目的的恋爱，都是虚情假意。

第三种不适合结婚的人：长不大的人。都说妻子是丈夫的第二个母亲，再坚强的人也会有"小孩"一面的时候，因为妻子的怀抱都有母亲的味道。然而，一直"小孩"、一直长不大的男人目的性未免太过明显：不是为了找老婆，完全是在找"妈妈"嘛！经常动不动就搂着你哭，闹脾气要你哄，占有欲强，就像你是他的专属玩具……这算什么？如果女人不想一结婚就做"奶妈"，不想一生劳心费力，就快点打发"小朋友"离开吧！长不大的男人虽然看起来很阳光，却是未曾经历风雨的"少年儿童"，除了一日三餐，天塌下来也不过问，遇事往老婆身上推，啥事都让老婆来扛，让女人操心一辈子。也有的女人习惯小鸟依人，时时刻刻需要被丈夫宠上天，公主病十足。人们常说"女人的第二次生命是丈夫给的"，但女人也要自强自立，不能事事没主见，遇事就退缩，自私狭隘多疑。没长大的男生和女生，除非迅速长大，否则不适合结婚。

第四种不适合结婚的人：认为物质利益高于一切的人。只爱钱的男人和女人很容易辨认，有些人虽然没什么钱，却愿意为对方倾其所有；而有些多金男女，有钱却不舍得为对方花一分，这种人就是只爱钱的人。这样的人不仅是"葛朗台"，而且或许压根儿就不爱你，因为，这样的人只爱钱。在婚姻中，如果有一方一切以物质利益为重，就难免出现李甲为了一己私利转卖杜十娘，导致杜十娘心灰意冷，怒沉百宝箱，投河自尽的悲剧。杜十娘的贞烈让我们赞叹，可她最初不也是期盼着能够脱离苦海，和李甲幸福一生吗？所以，为了避免成为悲剧爱情的主角，放弃只爱钱的人，找一个愿意和你一起拼搏，为两个人的家庭共同奋斗一生的好对象结婚吧。

也许在爱情开始的时候，我们还看不清对方的真面目，辨不清对方到底是不是不该爱的人，没关系，日子久了，狐狸尾巴总会露出来的。别说这些人虽然不适合结婚，却也有惹人眷恋的地方；也别说你虽然看清了对方的真实面目，却舍不得离开。放弃是痛苦的，就算情到深处难自拔，对方已经成了你难以割舍的心头肉，为了以后，也要勇敢将自己心头这份不该继续的爱情割舍。因为婚姻不是一朝一夕，是一辈子，要选择对的那个人，才能一辈子相濡以沫，白头到老。

男人来自火星，女人来自金星

美国作家约翰·格雷有本书，在全球销售量超过 14000 万本，书名叫《男人来自火星，女人来自金星》。书中，有一个关于男人和女人的故事：从前，火星人摆弄着望远镜，发现了美丽的金星人，一瞬间，他有了触电的感觉，这或许就是爱情。于是，火星人发明了时空旅行机，毫不犹豫地飞向了金星人。如火星人所愿，金星人接受了他，他们相爱了。有一天，幸福甜蜜的他们突发奇想，决定去地球看看，于是他们开始了地球之旅。地球很美，他们非常喜欢，然而地球上的气体却很奇怪，因为他们在地球上待的时间越长，越容易淡忘一些事情。比如，他们忘了当初在一起是各自心甘情愿的选择，还忘了彼此来自不同的星球，有着不同的特征和属性。于是，在某一天早上，他们对彼此的记忆彻底消失了，从那一刻起，火星人和金星人——也就是男人和女人，陷入了永远的矛盾和冲突中。这个故事本身的确有点八卦，可八卦背后，却蕴含着深刻的哲理。男人和女人，彼此真的就像来自火星和金星一样，具有巨大的差异。

首先，从生理方面讲，男女之间天生就存在着很大的差异。根据新西兰百科排名网的最新研究显示，通过从健康状况、衰老速度、最佳生育年龄和对疼痛的感受等方面进行比较发现，男女之间存在着巨大的差异。

女人的人体六大系统比男人的更为脆弱。美国哥伦比亚大学性别差异项目负责人玛丽安·莱卡托博士指出：在很多疾病上，男女的表现都不一样。女性的免疫系统情况大起大落，她们虽然比男人长寿，却更容易患上红斑狼疮、类风湿关节炎和多发性硬皮病以及致命性心脏系统疾病。虽然女性第一次患心脏病的年龄通常要比男人晚 10 年，可女性一旦患上心脏系统疾病，特别是心血管性心脏病，往往是致命的。在运动系统方面，女人的韧带天生就比男人脆弱，伤后也更难恢复。韧带在月经期间及月经结束后一周最为脆弱，所以，女性在月经期间和月经结束后一周，应少做踢毽子等要求反应快、准确性高的运动，以及跳舞、打球等需左右挪移的运动，还要尽量避免提重物。女性的神经系统也十分脆弱，更易患抑郁症。进入更年期后，女人患痴呆的可能性也比同龄男性大。在消化系统方面，男女唾液中的化学成分是不同的。吃同样的食物，女人要花更多的时间去消化。女性患慢性便秘的概率是男性的 3 倍，患肠道疾病的概率是男性的两倍。因此，女性晚饭最好选择米粥、面条等易消化的食物，并把晚饭时间提前半小时至 1 小时；在骨骼系统方面，老年女性比老年男性更容易发生骨骼萎缩，所以，女性应当把补钙作为毕生的营养功课，平时多食用牛奶、鸡蛋、豆制品等高钙食物，上午 10 时至 11 时多晒太阳，常做跳绳、跑步等承重运动，刺激骨质代谢，实现补钙功效。即便是在患病后，女人吃的药也比男人多，全世界女性所消耗的药品，占世界药品总消耗量的 2/3。药物对女性产生副作用的概率，也比男性高一倍。

其次，从心理方面讲，由于大脑结构的不同，男女的心理差异也很大。男性大脑比女性大脑普遍重 100 克、多出 4% 的脑细胞，所以他们的平均智商比女性高 3 ～ 4 分，他们对事物的判断和对情感的依赖也和女人有很大的差别。

女人比男人爱看小说，会跟着主人公一起哭一起笑。英国心理学家西蒙·伯龙·科恩根据长期研究得出这样的结论：女人拥有情感化大脑，男人拥有机械化大脑。这就注定女性更容易设身处地感受他人的处境，而男性就表现得更为理性，不太能理解人；女人心思细密，男人粗枝大叶。男人习惯先讲结果，很快抓住重点，马上解决；女人则习惯强调过程，凡事从头说起，最后才归纳出事情的结果及原因。男人认为女人必须可爱，女人认为男人必须可靠。男人爱看曲线脸蛋，女人爱听甜言蜜语。男人认为世上值得爱的女人很多，女人认为世上值得爱的男人只有一个。男人常常糊涂一世，但热恋时聪明绝顶；女人常常精明一生，但热恋时却智商掉线。男人喜欢一脚踏两船，女人喜欢两脚踏一船。男人到处张扬女人爱他的过程，女人细心珍藏男人爱她的细节。

总之，男人来自火星，女人来自金星，这就注定在婚姻中，要求彼此要尊重差异、相互宽容。男人与女人的差异就是火星人与金星人的差异，然而，这种差异并不是不可调和的。男女有别，古来有之。恋爱中，一定要意识到彼此的差异，多站在对方的立场去考虑问题，这样，很多矛盾便可迎刃而解。婚姻中的问题，是世间最让人头疼的问题，如果你能处理好自己的婚姻，相信你就一定能够幸福一生。

门当户对的婚姻没有错

在婚姻里，有一个快被大家嚼烂了的词，那就是"门当户对"。其实在最初的时候，门当户对讲的本是两件摆在大门处的装饰物。"门当"是大门前的两个石墩，用来镇宅装饰，稳固门面；"户对"则是置于门楣上方或两侧的圆柱形（六角形）的木雕（石雕）。门当的大小，户对的多少，又因主人身份而各有不同。官家、大户人家的府邸一般有四个户对，寻常百姓皆为两个户对，皇亲贵族的当然就更多一些。也因此，古代人家在嫁娶儿女之前，常常会暗中观察一下对方门前的"门当""户对"，也因此逐渐演变成了现今社会中衡量男女双方家世背景的常用语。

现在很多年轻人都排斥门当户对的婚姻观念，但其能从古流传至今，也是有一定道理的。倘若一个山野女子，自小在深山里砍柴度日，不识一字；而一个官家子弟，自小念四书五经，三纲五常，这样的两个人若结为夫妇，何来琴瑟合鸣、夫唱妇随呢？

换成现在的话，门当户对就是结婚的男女双方，彼此的家庭背景、文化素养、经济能力、生活习惯要尽可能相近些。这样，两个人在以后的共同生活里，磨合的时间会大大地缩短，双方的融洽度也会大大提高，幸福指数自然会更高。

　　她与他是在网上相识的，两个人刚认识时，她就知道彼此间的差距很大。她出生在城市里，家境殷实，受过良好的教育，父母皆是当地小有名气的公众人物。作为家里的独生女，从小衣来伸手饭来张口，娇小姐一个。而他出生在大山深处，没读过几天书，下过煤窑讨过饭，面朝黄土背朝天，唯一算得上时尚的就是当下的工作，在淘宝上开了个小店，专门卖自家地里长出的花生、黄豆、大枣。她爱他的淳朴、真诚、木讷、热情，他爱她的高雅、天真、纯洁、执着。后来呢？她和他结婚了，不顾一切反对走到了一起。她是娇柔的，他是高大的，貌似还算般配。

　　然而，等真正过起日子来，却般配不起来了。她之前听到的所有"劝诫"，似乎都变成了现实。他没有良好的卫生习惯，睡觉前不喜欢刷牙洗脸洗脚，连上厕所都常常忘记冲水。他的爸爸妈妈跟随他一起住进了她父母为她买的房子里，结果农村来的老头老太太闲不住，天天出门捡垃圾，不仅把屋里堆得像废品收购站，还让小区里熟悉她家情况的街坊四邻都笑掉了大牙；他陪她去看芭蕾舞剧，在座位上睡着了的鼾声令周围人侧目；他陪她去商场购物，和店员聊得起劲，把她扔到了一边；她的朋友很多，之前每周都来她家做客，自从她结婚后，朋友们来的越来越少，不为别的，就因为朋友们和他无话可说，面对他父母做的饭菜无法下咽……

　　就这样，这场原本轰轰烈烈的爱情，变成了绊脚石，二人争吵成了家常便饭。她开始以泪洗面，他开始想要回自己的老家。

　　中国有句老话叫"物以类聚，人以群分"。出身相同、背景相同的人，在生活中更容易找到共同语言，过起日子来更容易过到一块儿去。美女和野兽的故事大家都爱看，灰姑娘的故事令无数女孩心动。然而，美女真的和野兽一起生活在丛林里，吃生肉、穿树皮、风吹日晒，还能美么？而灰姑娘成为公主之后，就一定能受得了皇宫、贵族的各种规矩，能适应日日小心翼翼的生活么？所以，童话不过是童话，是麻痹人们心灵的精神鸦片而已。

所以，门当户对的爱情更靠谱。在结婚前，请彼此都睁大眼，看清楚爱情里另一方的背景，确认彼此是否门当户对！

婚前财产公证，公证的是财产还是爱情

婚前财产公证，是婚前财产约定协议公证的简称，指公证机关对将要结婚的男女双方，就各自婚前财产和债务的范围、权利的归属问题所达成的协议的真实性、合法性给予证明的活动。婚前财产公证是我国在近几年新开办的一项公证业务，它有助于明确夫妻双方婚前财产的数量、范围、价值和产权归属，是解决婚姻、财产纠纷的可靠的法律依据，对于稳定家庭关系和财产关系，预防婚姻纠纷，保护夫妻双方合法权益，促进社会的安定团结，起到了良好的作用。

结婚是一件很神圣很美好的事情，可当爱情与财产纠缠在一起，婚姻就会变得模糊不清、迷雾重重。于是，婚前财产公证，被越来越多的情侣当成了婚前的必要程序。好莱坞当红男星罗素·克洛与妻子丹妮尔·斯潘塞在婚前就签订了协议，协议书上明确规定，如果夫妇俩在婚后 3 年内不幸离婚，罗素最少要分给妻子 1500 万美元的财产。既然婚前财产公证已经得到了广泛的认可，那么，婚前财产公证到底有没有必要，到底是不是婚前的必要程序？

事实上，婚前财产公证是一把双刃剑，它既可以保护两个人的财产，减少不必要的纠纷，也可能伤及感情，影响双方的关系。婚前财产公证，因为涉及金钱，特别是离婚时的财产分配，可能会让双方产生距离感。但婚前财产公证是在双方平等自愿的条件下进行的，所以也可能会让双方感受到公平公正。真正的爱情，与金钱无关，所以婚前财产公证，在公证财产的同时，也公证了爱情。

首先，婚前财产公证避免了婚姻的功利性。

或许，对于结婚前财产相对较少的一方而言，婚前财产公证，确有伤自尊之嫌。但对于结婚前财产相对较多的一方来说，婚前财产公证，却可以有效地保证婚姻的纯洁性，避免婚姻的功利性。至少，有了婚前财产公证，爱情就不再是唯利是图的贪心之人用来牟取物质利益的手段。

其次，婚前财产公证解决了离婚的莫测性缺陷问题。

结婚的时候，谁不期盼相守一生一世？然而，世事难料，谁也不敢保证两个人真的能够相伴一生。如果真的走到了尽头，却像流行天后麦当娜和著名导演盖·里奇分手时一样，为了上亿的家产反目成仇，对簿公堂，那样着实让人心伤。所以，为了避免离婚时发生财产纠纷，做好婚前财产公证极其必要。

再次，婚前财产公证证明了他对你的深情。

爱情不能用金钱来衡量。然而，又有多少男人敢用自己的全部身家来证明爱情呢？所以我们有理由相信，美国身家 3 亿美元的嘻哈大亨 JAY-Z 对妻子碧昂丝爱意十足，因为他在婚前协议中这样写道：如果两人在两年内离婚，JAY-Z 赔偿妻子碧昂丝 1000 万美元；如果两人在两年后离婚，JAY-Z 不仅要给妻子 1000 万美元的赔偿金，还要拿出 1000 万美元帮助碧昂丝购置房屋。在这份婚前财产协议中，各项条款都对碧昂丝极其有利。

由此可见，婚前财产公证，在某些方面可以证明他对你的深情。

所以，婚前财产公证虽然会让双方产生距离感，但却能够让即将结婚的双方把爱情看得更透彻更明晰，把婚姻看得更单纯更直白。所以，如果你真心爱他（她），就拉他（她）和你一起去做婚前财产公证，让爱情因此变得更纯粹，幸福也更稳妥。

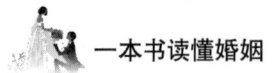

纵观世界各地的婚姻观

不同国家、不同地域有不同的婚姻观，外国人的婚姻观也不像我们所想象的那样，绝对自由开放。不妨让我们来看一看世界各地的婚姻观。

很多人都认为美国人比较开放，殊不知美国人结婚后非常注重自己的小家庭，非常注重夫妻关系的质量，夫妻感情是大于一切的。从大多美国电影中也都能看出家庭的重要性，电影《速度与激情》说的最频繁的台词就是"we are family"（"我们是一家人"）。美国电影中，理想的一家人，是住在有草坪的房子，生两三个孩子，养几只狗。一家人经常周末去旅行，父母经常参加孩子在学校的活动，鼓励孩子克服困难。美国夫妻和双方的父母关系一般都很弱，很少住在一起，孩子一般都是夫妻自己带，所以较少有婆媳矛盾和双方家庭之间的摩擦。

美国的婚姻观是以夫妻关系为核心，虽然孩子也很重要，但孩子并不是婚姻的核心。这与基督教的理念息息相关，每个人都有自身的价值和意义，夫妻携手一生，是唯一相伴的伙伴，子女有其自己的人生。

美国人对"24岁就应该结婚""30岁之前必须结婚"的观念没有太大的执着。中国人更注重成家立业的传统，什么时候上学，什么时候工作，什么时候结婚生小孩都有一个固定的时间表。错过时间没有完成相应的任务就会很恐慌，就像考试交了张白卷一样。美国人绝对不会有这种想法，美国因为是个移民国家，形形色色的人都有。在美国有很多 35 岁、40 岁依然单身的人，也有很多在这个年龄段刚订婚的人，离婚了有一个青春期的儿子或女儿的也比比皆是，这样形形色色的人组成了美国这个复杂的社会。

欧洲人的婚姻观和爱情观也与中国人的不同，他们对爱情的要求不是车和房，而是在人群中遇见他（她）并心心相印地走到一起。

欧洲人虽不在意婚姻制度，但北欧人民的幸福指数在全球排行中一直居高不下，特别是盛产童话故事的丹麦。在他们的观念里，爱情是发生在精神领域的事情，主要是一个灵魂对另一个灵魂的喜爱和相聚交流的渴望。

在欧洲发达国家，很多情侣都喜欢同居，不喜欢结婚。同居是受法律保护的，叫 "partnership"。例如两个人一起供房子，就被视为 partnership 关系，女方的权利受到政府保护。很多情侣有长达十几年的 partnership，就是不结婚；也有的十几年下来终于确定对方是自己要过一辈子的人。

欧洲的女权主义更明显和强烈，约会的时候，女方会要求 AA 制。女生做什么都积极主动，如果你看到女人换轮胎，扛行李，请不要惊讶。这里没有女人撒娇，都是女汉子。相比之下，欧洲男人更顾家，经常有男人负责带孩子。

对于欧洲人来说，结婚完全是两个人自己的决定，和中国很不一样。对中国人而言，带恋人和家长见面是个很重要的事儿。而在欧洲家庭里，父母不会干涉成年子女的婚姻恋爱，即使子女选择的配偶不是父母喜欢的类型，也不会棒打鸳鸯。这些父母尊重孩子对婚姻形式的意愿和选择，过好自己的生活，不干涉别人的生活。

日本人的婚姻观如今也发生了很大的变化。其不想结婚的态度，从近些年的日剧《不结婚》《东京单身男子》《我无法恋爱的理由》《我不是结不了婚，只是不想》等中，可见一斑。他们恨不得借日剧之名把不结婚的心情昭告天下。

不想结婚的人多了，日本又出了一种新概念结婚观——"自婚"：我宣誓我将与我自己结婚。这个名词最早见于欧美国家，现传于日本。目前"自婚"在一定意义上只是一种形式，尚没有一个国家的法律将其纳入婚姻的范畴。

第二章
从恋爱到婚姻，怎样走得更稳

怎样找到可以彼此相爱的人

　　为什么很多人在走入婚姻后，会觉得苦恼、不幸福？为什么明明爱着对方，可内心却总感到空荡荡，没有着落？其实，原因很简单，那是因为对方不是你想要的那个人。所以，怎样才能找到可以彼此相爱的人呢？

　　在恋爱初期就要明确自己的爱情需求，想清楚自己理想中的另一半是什么样子，再决定爱还是不爱，这样才能够给爱一个良好的根基。如果每个人都能够根据自己的爱情需求选择恋爱对象，彼此找到契合点，那么，婚姻就是双赢的，就能够幸福长久。

　　所谓爱，就是关心、理解、尊重、忠诚、体贴、安慰。这是最基本的爱情需求，也是必须满足的爱的形式。当然也不排除其他形式，毕竟每个人的家庭背景和生活经历不同，自然也会有不同的爱情需求。

　　如果从小缺少家庭的温暖，那么在爱情里，你的需求就一定是亲情式温暖。这个时候，即便对方的其他条件看起来与你很不般配，但只要对方给你的温暖是最大化的，那么你就会将爱情寄托到对方身上。

　　如果你从小生活在一个贫困的家庭里，那么，在爱情里，你的需求可能更多的就是金钱。这种需求看起来过于势利、过于世俗，但对于个人而言却是正常的，因为其安全感就来自婚姻带来的物质保障。

当生活变得更加美好，爱情需求也变得越来越多样化，比如浪漫、柔情、惊喜、新潮、时尚等。不过，普通的浪漫是偶尔的鲜花、礼物和烛光晚餐，而真正的浪漫，是两个人发自心底的举案齐眉、朝朝暮暮、缠绵悱恻。

总之，先搞清楚自己的爱情需求，才能够明确自己的爱情方向，才能够选对自己的爱情对象。爱情没有标准，婚姻没有范本，别人的好爱情，放在你身上，不一定能让你心满意足。别人的幸福婚姻，放在你身上，也不一定算得上美满。

看过上世纪 80 年代那部老电影《人生》的朋友，肯定对高加林有印象，我身边就有一个现实版的高加林。在上大学之前，这位男性朋友就和村支书的女儿秋云谈了恋爱，后来上了大学，他又和系主任的女儿冯丹蓝牵起了小手。虽然秋云找了他几次，他的父母也责怪了他好久，但他还是执意和秋云分手。再后来，依靠冯丹蓝的父亲，他得以留校做了老师。可没想到，冯丹蓝后来喜欢上了一个银行白领，和他分手了。再后来，为了能够在大城市立足，出人头地，买房买车，他便把恋爱对象定位为：有钱有势家庭的独生女儿。朋友们说他攀附权贵，可他却坚持自己的择偶标准，他说自己生来就是穷人的儿子，如今是一个穷教师，依靠自己很难改变当下的生活状态，而且自己下面还有两个弟弟在上学，父母又都是农民，除了从土地里刨出粮食，没有其他的经济来源。所以，他是家里唯一的也是最重要的经济支柱，他没有心情也没有资格去谈风轻云淡的爱情。他能做的，就是通过爱情这步棋，让自己能够生活得更好，挣更多的钱，可以支持两个弟弟和父母的生活。

这个社会越来越现实，年轻人生活压力也越来越大。很多大学生刚毕业，就被抛进了求职的大军，一个人在异乡漂泊，住在简陋的出租屋，拿着微薄的薪水，身边没有亲人朋友，有的只有一个名字——"蚁族"。这个时候，出于对脱离生活困境的渴望，他们中的不少人有了通过婚姻改变生活的渴望。这种渴望，无关对错，只是个人的爱情需求而已。只希望，大家在找到自己需要的爱情后，能够持之以恒，珍惜爱情。

爱情的终极需求，就是婚姻的稳定。俗话说，一个萝卜一个坑，爱情就是要找到适合你的那个坑，然后安定下来。不管求的是什么，最终都需要一个安定的家，一份安定的婚姻。每个人之所以需求爱情，寻求婚姻，无非是为了有一个安定的小窝，一盏为自己亮着的灯，一顿家常的饭菜，一个相视而笑的爱人。所以，不管是金钱、权势、温暖、温存，所有的中间需求，最终都是为了达到安定的手段。

父母反对的婚姻，一定要三思而后行

在我国古代，自由恋爱是一个被严令禁止的话题和行为。爱情和婚姻，只能遵从"父母之命，媒妁之言"，凡敢大逆不道拒绝包办婚姻、自由恋爱者，轻则被锁入深闺，重则游街示众挂破鞋沉猪笼。中国古代经典爱情作品，比如《白蛇传》《梁山伯与祝英台》《牛郎织女》，无不表现了当时的青年男女对自由恋爱的憧憬。一直到近代，"五四"运动之后，城镇进步青年接受了西方新思潮的影响，才正式开始追求自由恋爱。然而当时的自由恋爱，还只是中国青年的美好憧憬，要想真正实现自由恋爱，还要面对来自家庭、社会、亲友的重重阻挠和非议。直到 1949 年新中国成立，1950 年 4 月 13 日，新中国第一部《婚姻法》诞生，同年 5 月 1 日，《婚姻法》开始实施，自由恋爱才被正式倡导。《婚姻法》反对当时普遍存在的封建包办买卖婚姻制度，确立了一夫一妻制。虽然在《婚姻法》出台后，人们的爱情、择偶、婚姻观念并没有随着新政策的出台而迅速发生变化，但自由恋爱自主婚姻已经得到了法律的认可，而自由恋爱也逐渐成为新中国青年男女的恋爱主旋律。

时至今日，自由恋爱已经成为青年男女的婚姻首选，父母之命不但不再是恋爱的束缚，就连父母的建议，儿女们都很少采纳了。很多青年人为了标榜个性、张扬自我，排斥父母的意见，拒绝听取父母的规劝。但事实上，父母真正反对的爱情，还是要三思而后行。

中国的古训是祖祖辈辈经验的结晶，不听老人言的确很容易吃亏在眼前。不要说，即使这场爱是一个美丽的错误，也要给你一个犯错的机会，因为你心甘情愿去犯错。人生的路就像那直行的铁轨，一旦出轨，就难免翻车。对于女人来说，爱情的劫难是最大的劫难，婚姻影响着女人的一生，别说你有思想、有追求；别说你又新潮、又另类；更别说你不在乎天长地久，只在乎曾经拥有。很多爱情的道理，你还不懂；很多人生的磨难，你还未曾经历。就算你觉得自己已经很成熟，不过也只是"少年不识愁滋味，为赋新词强说愁"而已。女人难为谁都可以，但别难为自己，也别难为父母，因为你要对自己负责，因为父母看得比你清楚、比你长远。

首先，不要说父母不理解你，不从你的角度去考虑爱情。

你的人生经历，比你的父母至少少了二十年，虽然时代在变化，社会在进步，可他们四五十年的人生感悟，总比你二十多年的人生体验要丰富得多。而且，父母是这个世界上最疼你最爱你的人，他们肯定会从你的角度去考虑爱情。如果你觉得他们不理解你，那不过是因为你过于幼稚；如果你觉得他们没有从你的角度去考虑爱情，那不过是因为他们不舍得把自己生养了二十余年的女儿，轻易交给一个男人。

其次，不要动不动就说你的父母势利，只看重物质的条件。

你不是杨贵妃，也不是赵飞燕，更不是郭晶晶，所以，你的父母并不指望有人开着奔驰、宝马来接你，送来别墅、美钻迎娶你。在父母们心中，女儿的幸福，无非就是嫁个好人、衣食无忧、生活小康、平平安安。

或许真正世俗的并不是你的父母，而是你，你在渴望王子的到来，王子意味着什么？意味着豪华的宫殿、富贵的生活，这难道不更世俗吗？

再次，不要中了"自由恋爱"的毒，不要为了彰显个性而反对父母。

你自由恋爱的对象，真的比父母给你选定的男人好吗？未必吧。不要为了"自由恋爱"而坚持恋爱，否则，就真的中了"自由恋爱"的毒。父母介绍的男人，经过他们的筛选，肯定符合初步条件。虽然父母的条件和你的条件不同，但有些基础条件还是具备的，比如共同的思想基础、相似的生活背景和相近的收入水平，这些条件是爱情稳定的基础，是生活幸福的保障。不要为了追求"自由恋爱"而故意摒弃这些条件，故意反对父母的意见，否则，你就陷入了反对父母的误区。

父母反对，一定有他们反对的原因，虽然在短期内，你可能觉得他们的意见是错误和片面的，可经过时间的磨砺，你终会理解他们的选择。要知道，骑白马的不一定是王子，也可能是唐僧。女人最容易被爱情冲昏头脑，父母就是你的爱情取经路上，一直保护你的、火眼金睛的孙悟空。他们一直在努力保护单纯的你，使你不被妖魔的障眼法所蛊惑。所以，父母反对的婚姻，一定要三思而后行。

如何面对"结婚恐惧症"

　　和相爱的人携手踏上红毯，一起走进婚姻的殿堂，是爱情里最幸福的场景。然而，现在很多年轻人，特别是都市里的年轻男女，却拒绝结婚。因为他们患了"结婚恐惧症"，面对即将到来的婚姻，他们极其不安，惶恐不已，甚至还会临阵脱逃。重庆有一对恋人，婚期已选好，婚房、家具都已备齐，双方家长也皆大欢喜，可就因为男方突如其来的结婚恐惧症，两人将领取结婚证的日期一推再推，推了7次都没有领证。最后，女方忍无可忍，挥刀乱砍新房中的家具，男方伸手夺刀时，被刀刃划断了右手的3根肌腱。最后，男方解释了恐婚的原因："我从来就没有想过不结婚，更没有想过不和她结婚。只是每次到要结婚的时候，就觉得心里紧张、坐立不安。我也不知道为什么，我并不想离开她。"男方的恐婚，让女方从愤怒到癫狂，最终酿成了挥刀砍伤恋人的惨剧。为什么会患上"结婚恐惧症"，他们到底在害怕什么？当你的他，患了"结婚恐惧症"，你又该怎么办？

　　患上结婚恐惧症的原因有很多，主要有以下三个：

　　原因一，担心婚姻是爱情的坟墓。

　　当下，很多媒体、电视、电影及社会舆论，都对婚姻的可靠性、持久性和幸福性进行了严肃而苛刻的审视，以至于很多恋爱中的人都对婚姻产生了不同程度的不信任感。特别是年轻男女，他们未曾经历婚姻，也不愿为婚姻而改变，所以，在面对婚姻时，他们难免会将媒体宣传中的婚姻挫折与自己的未来对号入座，对婚姻产生抗拒和恐惧情绪。

　　原因二，认为婚姻是自由的枷锁。

　　钱钟书在《围城》中说，"城外的人想进来，城内的人想出去"。在这个崇尚自由的时代，很多人标榜个性，害怕被束缚，认为婚姻是自由的枷锁，因此拒绝结婚，拒绝做孩奴。这样的人往往随性潇洒，喜欢通宵泡吧，睡懒觉，聚众狂欢。所以，他们害怕婚后循规蹈矩的生活，害怕婚姻的约束和孩子的哭泣，甚至害怕再也不能和异性随意搭讪，不能和"狐朋狗友"一起疯狂，所以，他们拒绝结婚。

　　原因三，担心婚后的伤害与离弃。

　　有些人在成长过程中，曾看到过父母或亲人之间的爱情纠葛和相互伤害；也有些人，在曾经的爱情里，有过被伤害、被背叛的经历。所以，他们害怕结婚后，会遭遇背叛和伤害。"执子之手，与子偕老"是对婚姻美好的向往，可如果心中已经布满伤痕，又如何能够在即将到来的婚姻面前充满自信、充满憧憬？恐婚其实是一种自我保护，畏惧婚姻只是因为害怕受伤。

　　如果你的他已经患了"结婚恐惧症"，别着急别愤怒，别哭泣别流泪，也别怀疑对方对你的爱。从医学角度分析，当"结婚恐惧症"严重到一定程度，必然会表现出烦躁、易怒、偏执，甚至沉默寡言、孤僻冷淡的症状，所以"结婚恐惧症"不仅会影响到你们的爱情，也会影响到对方的健康。对此，专家们研究出了治疗"结婚恐惧症"的科学方法，即从身体与精神两方面进行治疗，消除恐惧。比如，利用按摩来缓解压力，多听舒缓情绪的音乐，通过心理辅导进行治疗。但心病还需心药医，作为恋人的你，是最贴身最及时的良药，只有你，才能快速消除对方的结婚恐惧症。

对于如何消除"结婚恐惧症"有以下几个方法。

消除"结婚恐惧症"的方法一：拉对方共同体验未来的幸福。

结婚是一件多么美好的事情！两个相爱的人，历经种种磨难，终于走到了幸福之城。就差一个仪式，就能推开幸福的城门，拥有幸福的天堂。所以，要想让在城门前踟蹰不前的对方迈出关键性的一步，就要让对方看见城内的美好和幸福。你可以拉对方一同拜访一对幸福的夫妻；同看一部婚姻佳片；一起去幼儿园接亲戚的孩子；还可以邀对方和你们全家一起欢度中秋佳节。总之，让对方看见婚后的幸福，才能让对方消除对婚姻的恐惧，激发起对婚姻的向往。

消除"婚姻恐惧症"的方法二：培养家庭责任感。

自由成性的人大多缺少家庭责任感。要培养家庭意识，激发家庭责任感，最好的方法就是了解自己和对方的父母为家庭付出了多少，为孩子付出了多少。中国有句老话，"不养儿不知父母恩"，只有充分意识到父母对家庭的付出，对孩子的付出，才会珍惜得来不易的生活，才会明白自己在家庭中的责任，从而心甘情愿去承担未来家庭的责任，不再拒绝结婚。

消除"婚姻恐惧症"的方法三：建立对婚姻的信心。

要想不再惧怕婚姻，就要对婚姻的幸福和美满充满信心，也就是对爱情的持久和忠诚充满信心，这就需要通过双方不断地努力和付出，让彼此感受到爱不是一时冲动，经得起柴米油盐和岁月的侵蚀。让你们的爱情"软着陆"，给他做饭洗衣，帮他照顾父母，让他体会到你的贤淑踏实；男孩把工资卡交给女孩，给她尊重理解，和她一起做家务让她感受到你的忠诚和宠爱。只有这样，彼此才会放下恐惧，安心结婚。

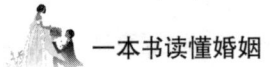

建立亲密关系有方法

建立亲密关系有方法，方法是什么？

在许多女人眼里，恋爱就是偶然的邂逅、浪漫的惊喜、缠绵的拥抱、无法抑制的思念、刻骨铭心的海誓山盟……通俗点说，就是琼瑶小说里的风花雪月、缠绵悱恻、死去活来，甚至惊天动地。反映到现实生活中，就是拍拖、牵手、游玩、缠绵，最后成就王子与公主的幸福生活。然而，婚姻真的就是这样吗？

因电影《断背山》而结缘的屏幕情侣希斯·莱杰与米歇尔·威廉姆斯，在片场爱得格外火热。影片拍摄结束后，二人喜结良缘。然而，当二人回归平淡琐碎的生活，为人父母，在柴米油盐中碰撞摩擦时，却因为无法忍受对方的个性，走上了分道扬镳的爱情末路。被称为"美国甜心"的美国巨星詹妮弗·安妮斯顿和被称为"世界上最性感的男人"的美国影坛明星布拉德·皮特，曾经是好莱坞公认的"金童玉女"。然而，美好的爱情总是如流星般短暂；如今，两人早已各奔东西，皮特也成了别人的丈夫、孩子的父亲。谈及这段童话般的婚姻时，安妮斯顿这样说："很不幸，我们生活在一个任性的时代里，夫妻一遇到问题，首先想到的就是'糟糕，过不下去了'！"

确实很糟糕。大家都以为恋爱很浪漫、甜蜜，高于生活，甚至高于一切。其实，当两个相恋的人走到一起，步入婚姻的时候，恋爱就已经成了生活的一部分。恋爱是披着童话外衣的生活，而未来注定少不了柴米油盐酱醋茶。所以，恋爱只是一种生活方式，婚姻也不是童话故事。

把恋爱当成一种生活方式，不直面婚姻，首先要面对的就是无数个"为什么"。即：为什么你和我不同？为什么你不能早点睡觉？为什么你上完厕所总是忘记冲马桶？为什么你挤牙膏总是从中间挤？为什么你早上总喜欢赖床？为什么你睡觉前总是懒得洗脚？为什么你睡觉打呼噜？为什么你不让我穿我喜欢的透视装？……为什么、为什么、为什么……所有的"为什么"横亘在婚姻中，把恋爱的甜蜜分割得支离破碎？为什么要这样？

很多恋爱的人，在真正进入婚姻之后，都难免会问"为什么"，而这许许多多的为什么，只有一个答案，那就是：这，就是婚姻。恋爱之前，生活是一个人的事，结婚之后，生活就成了两个人的事。两个人的世界远比一个人的世界复杂得多，双方的生活习惯、性格差异会在日常生活中不断凸显，矛盾注定无可避免。

那么，面对如此众多又糟糕透顶的"为什么"，亲密关系该如何继续？有方法！

多一些体贴，少一些自我；多一点沟通，少一点抱怨；多一分理解，少一份挑剔。恋爱是一种生活方式，每个人都是独立的个体，不是工厂里一个模子制造出来的模型，所以你为什么要对方按照你的想法，生活在你的爱情模式里？

恋爱是一种生活方式，而要想把婚姻经营好，就要理解你爱的那个人。理解对方的生活习惯、行为方式、思维模式、身体状况乃至人生理想。只有这样，我们才能认清爱情与婚姻的不同，才能心平气和地对待婚姻中大大小小的琐事与难题，而不是动不动就叫嚷"糟糕，过不下去了！"婚姻中，对方经常会打破你的原则，改变你的习惯，成为你的例外，然后在岁月流逝，不知不觉中，对方变成你的原则，成为你的习惯，这就是婚姻。

把婚姻当成一种生活方式吧。为什么大家都喜欢看电视剧、电影和文学作品？因为那里面描绘的爱情，高于生活、美于生活，所以千万别把小说里的爱情搬进生活。对每个人来说，活着就要生活，婚姻就是一日三餐朝夕相处，即使是再美好的、再轰轰烈烈的恋爱，都要回归平淡的生活。学会感受婚姻中的爱情，才是爱的真谛。傍晚，当你拖着疲惫的身躯下班回家，看见对方在厨房里笨拙地、"大刀阔斧"地为你准备晚餐时，你的心中怎能不爱意汹涌？周末，当你沉浸在一本爱情小说里，抬眼看见身边的爱人，正在电脑前，和游戏里的好友一起"奋力厮杀"，秋日里煦暖的阳光照在地毯上。偶尔吵架，他什么也不说，闷闷地站在一旁，你从背后搂住他的腰，他回身将你拥抱；深夜，当你从噩梦中惊醒，抓住身边那只强有力的手臂，心中顿觉安稳踏实，然后又沉沉睡去。这些生活中的点滴美好，就是爱情的味道，就是真实的婚姻。

爱情是什么？也许，它曾经热血沸腾、心潮澎湃、激烈纷争爱的人，可最终它还是要落入凡间，和爱的人一起，朝朝暮暮，生活在尘世。

所以，把婚姻当成一种生活方式吧，用炽热的心去感受生活。幸福是细水长流的生活，是天长地久的温情。在每一个清晨，给对方一个甜蜜的吻；在每一个夜晚，给对方一个深情的拥抱；在冰箱上，贴上你想说的甜言蜜语；在周末的夜晚，给对方一个意外的礼物。婚姻就是生活方式，只要用心生活，幸福无处不在。

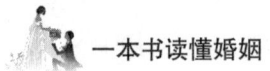

情感DNA，左右着我们的婚姻

有些人结婚，希望找和父亲或母亲相似的人；有些人却发誓，坚决不要找像父母那样的人共度一生；也有些人抱怨："为什么我做不到，父亲就可以做到？"于是努力用父亲的方式，去对待自己心爱的人；还有些人恼怒"我怎么这样？"因为母亲就是这样的，受够了母亲的"这样"，却无法拒绝自己也用"这样"的方式对待另一半。其实，这是你的情感DNA在作祟。

情感DNA，从生物学角度来讲，是指人体遗传基因上的一段"无形"的DNA片段。它来源于父母，是父母情感DNA的重组结合体。你会喜欢什么样的人，和爱的人怎么相处，在爱情里会得到怎样的幸福，都深受它的影响。所以，你的幸福，很大程度上在于父母情感DNA的"表达"。

很多时候，我们会发现，成年的我们竟然和自己的母亲有着那么多相似的地方，无论你喜不喜欢她，都会在某一瞬间，发觉自己成了她，或者是说话的口气，或者是思考的方式。哪怕年幼时你曾经在心底里对自己说过千遍万遍：我一定不要像母亲这样。然而成年后，你也一样会和她相似，惊人的相似。因为，耳濡目染的生活，血脉相传的性格，让你继承了她的情感基因。

　　安澜毕业后参加工作，住在单位的集体宿舍里，4 个人一套房子，共用一个厨房和卫生间。关于公共卫生的问题，发生过很多争执，最后，几乎都是安澜来收拾的。不是因为安澜喜欢打扫卫生，而是她见不得邋遢的环境。后来，几个人商量好，一致推选安澜做宿舍长，大家搭伙吃饭，由安澜买菜做饭，然后她们 3 个平摊安澜的伙食费。因为她们觉得安澜做事踏实，会做饭，料理生活是一把好手。再后来，那 3 个女孩相继有了男朋友，每个女伴的男朋友来访，都请安澜主厨，男孩子们看见安澜在厨房做饭的样子，都会啧啧赞叹，说谁要是娶了安澜，定是有福气的人，因为安澜厨艺一流，做饭干净利索。可安澜一直没有恋爱，因为她不想成为母亲那样的人，一辈子天天围着锅台转，把家里打扫得一尘不染，自己却没有丝毫的事业和人生乐趣。

　　26 岁的时候，安澜遇到了心爱的男友东来。恋爱后，安澜诧异地发现，在两个人的生活里，她真的和母亲如出一辙，不是她没有事业心，也不是她没有自己的人生乐趣，而是因为，安澜习惯了一个干净的环境，喜欢做一顿香喷喷的饭菜，看着心爱的人胃口大开、风卷残云地吃自己做的饭菜，这让安澜感到欣慰而满足。当然，安澜并不承认自己是围着锅台转的女人，因为她能够在不耽误工作的情况下，做一个很好的家庭主妇，并且以此为乐。

　　DNA 的力量，是无法估量的。无论再怎么排斥自己的父母，最终还是无法拒绝父母的情感 DNA。追求恋人的方法，和爱人相处的方式，就连处理争端的思路和将来教育子女的方法，我们的都可能和父母当年的态度一模一样。谁叫我们是他们的孩子呢？来自父母的情感 DNA，左右着我们思考问题的方式。

当然，这种左右，使我们与他们的行为等并不会完全一致。遗传基因分为显性基因和隐性基因，显性基因遗传的概率相对较大。我们所遗传的父母的情感 DNA 也一样，显性的概率比隐性的概率大得多。父母 DNA 的"显性"表达一般显现为：女儿的恋父情结、儿子的恋母情结，即想找一个像父亲或像母亲那样的恋人，自己也愿意成为母亲或者父亲那样的人。"隐性"表达则表现为：不想与像父母那样的人在一起，要成为与父母完全相反的人。当然，也有些儿女"不完全"表达父母的情感 DNA，即在基因重组后出现基因变异，在成长过程中吸收父母的优点，摒弃他们的缺点，坚持做自己，这是最好的情感 DNA 的重组。

人的性格的形成，有先天因素作用，也有后天影响。情感 DNA 同样也有先天的遗传和后天的变异之分。如果周边的生活环境和家庭环境大相径庭，那么恋爱中的女人，其情感 DNA 的表现形式，会因为周边环境的影响"抵消"部分情感 DNA 的遗传影响。同时，人们所接受的教育，所读的书，所看的电影，甚至旅行等都会引起情感 DNA 的部分变异。最能够引起情感 DNA 变异的，是我们所经历的爱情，在恋爱、分手、再恋爱、结婚之后，我们会发现找到适合自己的才是最幸福的。这种最适合我们的，不一定符合遗传情感 DNA 的模式，但却是最适合我们自己的情感模式。

价值观的差异是婚姻的巨大隐患

什么是价值观？从哲学的角度讲，价值观就是人们根据个人的需要与事物有用性之间的特定关系而逐步形成的，断定客观事物有无价值及价值大小的根本观点和评价标准。价值观是一种社会意识，是社会存在的反映。它对人们认识世界和改造世界，对人生选择和人生道路，都有着重要的导向作用。在婚姻中，两个人的价值观，在一定程度上决定了两个人相处的融洽度。

Ailsa 是一只性情温和的母猫，但命运无常，她竟然爱上了村里英俊的男子 Cary。面对 Cary，Ailsa 茶不思饭不想，完全超过了其他人类对 Cary 的爱。于是，她乞求爱神将她变成美丽的女孩，这样她就有机会获得 Cary 的爱。爱神成全了她，她终于得到了 Cary 的爱。但爱神为了考验她，在新婚当夜，往他们的卧室里放了一只老鼠。Ailsa 终究还是无法逃脱命运的悲剧，老鼠引发了她的兽性，当她咆哮着扑向老鼠的时候，Cary 对她的爱也随之灰飞烟灭。这就是价值观给爱情带来隐患的体现。猫的价值观和人的价值观注定不同，价值观一旦形成，便根深蒂固，很难改变。正所谓"江山易改，本性难移"。价值观不会随着爱情的降临而发生改变，所以，它注定是婚姻里潜在的巨大隐患。

一个人的价值观，是通过社会化过程培养起来的，其中家庭、学校等环境对个人价值观念的形成起着关键的作用。个人价值观是随着知识的增长和生活经验的积累而逐步确立起来的。价值观一旦确立，便具有相对的稳定性，使人形成一定的价值取向和行为定式，是不易改变的。通俗地说，价值观就是一个人对周围客观事物（包括人、事、物）的意义、重要性的总评价和总看法。它包括个人对成就、审美、利他、自主、创造、情绪、健康、诚实、正义、知识、爱情、忠诚、道德、外貌、愉悦、权利、宗教、信仰、技能、财富和智慧的综合看法。试想，恋爱中的两个人，因为经历中的社会化培养不同，必然存在价值观的差异，这种差异越小，两个人在对待周围的客观事物的看法上的分歧就越小，越容易和谐相处；这种差异越大，分歧就越大，越容易发生冲突。

如今的爱情，越来越多元化。在这里，我们不讨论各种爱情模式的是非对错，但正确的价值观的确可以导向正确的婚恋观，可以引导幸福的一生。纵观大千世界，有人爱情至上，有人攀附权贵，有人不顾伦理，有人追求柏拉图式爱情，还有的盲目追求性爱……这种由于价值观偏颇所导致的畸形婚恋观，必将成为未来婚姻生活的巨大隐患，影响人一生的幸福。

什么样的价值观决定了什么样的爱情观；什么样的爱情观决定了什么样的选择；什么样的选择决定了未来的婚姻和命运。婚姻影响女人的一生，纵览从古至今的爱情悲喜剧，可以总结出一点，即价值观的趋同，会使爱情更加甜蜜稳定，会使婚姻更加牢固美满。

托尔斯泰说过，"幸福的家庭都是一样的，而不幸的家庭则各有各的不幸"。在现实生活中，爱情和婚姻里的两个人，难免会出现这样那样的矛盾，这是正常的，只要基本的价值观大致相似，就可以确保双方在磨合过程中心往一块儿想，劲儿往一块儿使。通过不断的接触和了解，达到认识、行动上的合拍，从而营造出和谐美满的爱情和婚姻。

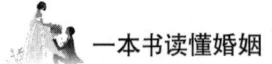

从订婚到结婚，究竟有多远

订婚，即男女订立婚约，是一种契约行为。依照我国民间习俗，结婚前先有订婚仪式，即订立婚约、交换礼物或立媒妁之言等。但依照中国现行法律，订婚并不是结婚前必备的程序，不经订婚的婚姻，不失其婚姻的效力。同时，依照我国法律规定，已经订了婚约，但未经对方同意，单方面拒绝履行婚约的一方，即构成"婚约违反"，必须承担损失赔偿责任。另一方可就此提出金钱损失赔偿，还可就此提出精神损害赔偿。

订婚与结婚，是进入婚姻的两扇门。这两扇门之间，拥有无限的可能。从订婚到结婚，有一个充满期待的过程，拉开了一场幸福婚姻的序幕，也是一段变幻莫测的时光。美国著名演员兼制片人詹妮弗·安妮斯顿，就是一个被"施了魔法"的女人，她在订婚与结婚的两道门之间，来来回回，就是闯不进婚姻之门。她的每段感情，几乎都是在传出订婚日期后不久，就遭遇分手。订婚就像正式演出前的彩排，总有一些节目被"拿下"，不是所有的订婚，都可以顺利地走进婚姻。那么，从订婚到结婚，究竟有多远？

从订婚到结婚的距离长短，取决于你和他对待婚姻的态度如何。

如果双方都已经做好担任妻子或丈夫角色的准备，那么，从订婚到结婚，只差朝夕。如果你对婚姻还心存疑虑，他对家庭还忧心忡忡，那么，订婚和结婚的两道门之间，恐怕还有很长的距离。

从订婚到结婚的距离，取决于你和他爱情的最终考核成绩。

订婚之后、结婚之前，对于你和他来说，都是值得珍惜的，是属于各自的、最后一段的考核时间。这段时间的考核成绩，直接影响到你们是否能够顺利走入婚姻之门。如果订婚之后，他从每天一个电话，变成了一周一次电话，从喋喋不休地嘘寒问暖，变成了烦躁不安地敷衍了事，那么，你就有必要主动延长订婚到结婚的距离，以便将最后这次考核进行到底。

从订婚到结婚的距离，还取决于双方家庭情况。

如果你们的结合，被双方父母看好、祝福，那么，双方家长就会全力促成你们的婚姻。有了双方父母的出谋划策，筹划婚礼，确定日期，那么从订婚到结婚的距离，就有可能变得很短很短。

好好利用从订婚到结婚的这段距离吧，也许，它将是你今生最后的单身时光。

利用这个机会，实现单身生活中一直想实现却未曾实现的梦想。比如只身去旅游、去支教、去远方的亲戚家小住、去曾经的母校看看。进入婚姻生活之后，你的时间将变成两个人的时间，单身时的梦想恐怕再也没机会去实现。

利用这个机会，好好保养自己，争取在未来的婚礼上做最美的新娘。瘦身、美容、排毒、养颜，这些都非一朝一夕可以实现的。利用从订婚到结婚的这段时间，好好保养自己，争取在未来的婚礼上展现最完美的自己。

不要抱怨从订婚到结婚还有一段叵测的距离。中国有句老话，好事多磨，是你的逃不掉，不是你的强求不来。越是来之不易的幸福，越是让人倍加珍惜。所以，不管订婚到结婚的距离有多远，都尽可能地让自己保持快乐，保持活力，为了迎接那个盛大而难忘的婚礼，耐心等待吧！

爱情是此时此地，婚姻是从此以后

　　想必大家在最初恋爱的时候都曾这样想过，"我是和他谈恋爱，又不是和他爸妈谈恋爱。只要他对我好就行了。"爱情的确是两个人的事情，此时此地两个人相亲相爱就可以了，可婚姻却不只是两个人的事情。婚姻意味着从此以后，你要和他生活在一起，和他生活圈子里所有的人生活在一起。

　　记得《激情燃烧的岁月》里，石光荣有很多穷亲戚，他们隔三岔五地来找石光荣，并且一来就住在石光荣家里，惹得石光荣老伴满心烦恼。爱情是两个人的事情，跟彼此的亲戚朋友没有太多关系，可真结了婚，成了对方的家人，爱情就不是两个人的爱情了，是两家人一起生活。

　　让我们先来看看此时此地的爱情宣言。

　　此时此地，我们说的第一句话就是"我会爱你一万年"。

　　诚然，承诺是美丽的，他的爱也是真诚的，可这份爱是没有任何附加条件的，就像一个不加催化剂的化学反应一样单纯，可如果添加了催化剂呢？不同的催化剂会有不同的反应结果。这个世界上除了你之外，还有对他更好的女人，那就是他的母亲；也有对自己更好的男人，那就是自己的父亲。所以，不要简单选择这个单纯的化学反应，要考虑催化剂的因素。就像那个古老的难题，"如果我和你的母亲同时掉到了水里，你会先救谁？"也许热恋中的你会希望他说先救你，可如果有一天有一个如你今天一样年轻美貌的女子也这样问你的儿子呢？

此时此地，我们常说的第二句话就是"我会不顾一切地爱你"。

其实，所谓的不顾一切，就意味着还没有考虑一切。如果出了问题，他还会把全部的爱都奉献给你么？而且，如果他的至爱亲朋真的出了问题，比如他们不喜欢你，要求你和他们一起远赴他乡，你希望他留在你身边还是希望他"尽孝要趁早"？那如果遇到问题的是你呢？

此时此地，我们还常常会听到这样一句话，"我父母说了，只要我喜欢，他们就同意"。那么，说了就代表他的父母能真正接纳你么？他的家庭环境如何？他的父母有什么特别的生活习惯，比如民族差异或者南北地域导致的差异，这些都可能成为隐藏的矛盾。所以，要趁早发现问题，调和问题，如果等到生米做成熟饭才发现矛盾，那么你就不可能全身而退了。

此时此地，还会有这样的爱情宣言，"我们两个人生活在一起，不和父母一起住"。

实际上，不和父母生活在一起并不意味着不和父母交往，不意味着不和彼此的亲戚朋友交往，所以矛盾并不会因为不生活在一起而免除，只是隐藏得更深罢了。即便你和他生活在和彼此父母完全不相干的另一个城市，也必须承担起赡养父母的责任。或者，他可能还有这样那样的人需要你们共同来关心和照顾，这些问题最好都能够提前搞清楚，做好充足的心理准备。

此时此地的最后一条常见的爱情宣言就是"我会照顾你一辈子"。

没错，他现在身体倍儿棒，吃嘛嘛香，但这并不意味着他以后也永远健康，家族病、遗传病都可能在中年以后出现。此时此刻你可能觉得"我爱他，无论疾病和灾难，我都会一生一世与他相伴。"然而，真到了那个时候你就不一定会这么浪漫地想了，毕竟现实残酷，当你在操劳中日渐疲惫时，可不要后悔最初的选择呀！

所以，在"此时此地"的爱情里，一定要遵守以下三个规则：

规则一：此时此地要严格要求，认真考虑，睁大眼睛，不放过任何一个可疑因素。都说物以类聚，如果他的亲朋好友都非善类，那么你就该好好想想他是否值得你托付终生。

规则二：此时此地对他的亲友要和善友好，不要漠然冷淡，这样才有利于获得他们的信任，为你们的以后打好基础。

规则三：文化和生活差异过大时，各种人际矛盾就会突现，不要轻视这些人际矛盾，他们有可能成为你们最终分手的导火索。

如果进入了"从此以后"，你就要恪守以下三个原则：

原则一：如果你和他的家人或者朋友们无法和平相处，不妨避其锋芒，暂时回避。比如回娘家或者独自外出旅游，以示无声的抗议。同时在你外出过程中，认真思考，独自反省。

原则二：有些矛盾如果一时难以解决，就不要硬碰硬，时间会化解一切矛盾。只是在这个过程中，你要多付出一些宽容和忍耐，把这些看作爱情的一部分安然接受，宽以待人，像猫头鹰一样睁一只眼闭一只眼。

原则三：其实人和人之间的隔膜并不像你想象的那样难以打破，换个角度替对方考虑，也许你会平和许多。同时，你也可以婉转地把你对对方的意见表达出来，适时适当地与对方沟通；如果你的沟通无效，还可以动员你的爱人去帮助你沟通。

第三章
如何快速适应自身角色的转变

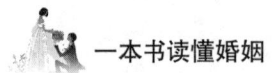

好爱情，能不能裸婚

　　年少时，每个女孩都曾幻想过自己梦想中的婚礼，像童话故事里的灰姑娘一样，有水晶鞋、南瓜车，还有一座灯火辉煌的宫殿，与王子举办一场奢华的婚礼。但长大后，我们却发现：王子有了，可他却无法给我们水晶鞋、南瓜车和宫殿，只有一张9块钱办理的结婚证。因为，他们的经济条件，只允许他们裸婚。所谓"裸婚"，就是指不买房、不买车、不办婚礼，甚至没有婚戒，就直接领证结婚。

　　在2008年全球经济危机的大背景下，裸婚风潮席卷世界。面对没有新房、没有花车、没有仪式、没有典礼，甚至没有婚纱和婚纱照的裸婚，女人们欲哭无泪。是谁在提倡裸婚？在这个世界上，没有哪个女人真的心甘情愿去裸婚！

　　美国匹兹堡大学精神病学系的温迪·特劳克赛尔博士研究发现，一场记忆犹新的盛大婚礼，一段有房有车的完满婚姻，会给女人带来长久的幸福感和安全感，甚至能给女人带来一辈子的好梦。温迪·特劳克赛尔博士跟踪分析了1938位年龄在42～52岁之间的已婚女性，发现在结婚时，男方曾提供充沛的物质条件，双方拥有一场盛大婚礼的中年女性，其心态更加稳定，睡眠质量也更高。这主要是因为，充沛的物质条件，给女性带来了内心的安定；盛大幸福的婚礼，给女性带来了内心的满足。

中国传统婚俗文化，内容丰富、博大精深、源远流长。从婚礼前新郎祭祖、迎亲、燃炮，新娘姐妹桌、请新郎，再到接亲时的讨喜、盖头纱、拜别、出门，礼数众多。还有礼车装饰、新人装束、童男童女、敬扇打伞、泼水掷扇、燃炮摸橘、忌踩门槛、跨火盆踩瓦片、敬茶拜天地、入洞房掀面纱、合饮交杯酒、吃饺子喝甜汤等繁多的礼仪。每一道礼仪，都蕴含着一份祝福、一份寄托。在中国人眼里，结婚是比金榜题名、他乡遇故知更为幸福美满的人生大喜事。所以，再普通的家庭，也要风风光光地嫁女儿、娶媳妇。可当下，随着房价的不断攀升、物价的不停上涨，买房买车已经成了工薪家庭的奢梦，而婚礼也成了耗资巨大的"工程"。为了减轻父母的负担和肩头的重负，年轻人们提出了裸婚，这是无可奈何的选择，也是没有选择的选择。

那么，好爱情，到底能不能裸婚？

正如一首歌中所唱，"好男人不会让心爱的女人受一点点伤，绝不会像阵风东飘西荡在温柔里流浪。好男人不会让等待的情人心越来越慌，孤单单看不见幸福会来的方向"。所以，如果你爱的男人是好男人，他至少不该让你"全裸"着去结婚。简洁的婚礼、简单的仪式总要有，亲人的祝福、朋友的庆祝也不能少。他可以没钱给你买钻戒，但至少要给你买一只纯金的小小婚戒；他可以没钱买房，但至少要租一个温馨的房子和你一起布置；他也可以没有漂亮的花车迎娶你，但如同电影《心急吃不了热豆腐》的结尾一样，请一个三轮车队迎娶你，也办一个平常人家的幸福婚礼。如果他连一个简朴大方的婚礼都不肯给你，那么，他究竟爱你有几分？又究竟愿意为爱付出多少呢？所以，好爱情，绝不能彻底裸婚。

好爱情，应共创财富，拒绝"全裸"结婚。

父母那一代的婚姻，大多是"裸"过来的，一碟瓜子、一盘糖果，大食堂里两桌饭菜，两张单人床搬进一间单身宿舍，就成了恩爱夫妻。那个时候，没有买房买车之说，顶多有一只祖传的银戒送予新娘。然而，父辈们的爱情，却大多走到了白头。所以，裸婚也不是不可以，只是，为了共同的幸福，相爱的人要一起努力，创造财富，拒绝"全裸"结婚。在北京的话剧舞台上，曾有一部备受关注的话剧《裸婚记》，里面有这样两段台词："我们离开北京吧！换一个小点儿的城市，买一个不太贵的房子，找一份没有那么累的工作。下班回来后看看电视，周末可以和爸爸妈妈在一起，或者去郊外走走""我想给你更好的生活，我想让你的脸上每天都有笑容，我不想你每天挤公交地铁，不想你逼迫着自己坚强"……这些并不华丽、并不煽情的台词，却是都市恋人最真实的内心读白。如果我们做不到奢华，可以简单；如果我们做不到富裕，可以朴素。我们可以住在小城市里，生活得简朴些，但是，我们一定可以共创不"裸"的婚姻。

婚姻是捡来的盒子

刘墉有句话："婚姻是只空盒子。"事实上，婚姻是捡来的盒子，它可能承载甜美的幸福，也可能装满了莫测的阴谋。上帝是公平的，它会给每个婚姻中的人一只乱七八糟、五味杂陈的盒子，无论你伸手从盒子里拿到什么，都只能接受。

爱情是天上的云彩，飘来飘去。婚姻则是云彩下的雨滴，云彩可能飘走，雨滴却落地生根。婚姻是两个人的事情，家是两个人的家，结婚就意味着，你和你的另一半都要接受婚姻这个捡来的盒子里所有的东西。就像天底下没有两片相同的树叶，每个家庭的盒子也都不一样，有的盒子打开后最先看到的是美貌、财富和欢乐；有的盒子打开后最先看到的却是责任、艰难和苦楚；还有的盒子里既有琐碎、苦难，也有欢笑和财富。

每个人结婚的时候，都会对婚姻这只捡来的盒子充满美好的期盼，期盼从中可以收获富贵、慰藉、宁静、快乐和健康，然而当打开盒子后，会有人欢喜有人悲愁。捡来的盒子，里面是怎样的内容都有可能，由不得我们去挑。

然而无论是财富还是美貌，无论是艰难还是贫穷，都是捡来的，都不可能享用一生，财富和美貌会随着岁月消逝，而艰辛和痛苦也会被岁月磨平。对我们来说，如何尽可能地延长财富和美貌的享用时间，如何全力缩短艰辛和痛苦的历程，才是最重要的。肆意挥霍财富和美貌，未来将充满阴霾；战胜痛苦和贫穷，未来将充满阳光。打开盒子，一层一层往下拿，底部的东西就是你婚姻的结局。上帝是公平的，你拿走了太多的幸福，剩下的难免会有不幸；你接受了大部分的悲伤，留下的总会有些快乐。所以，掏盒子的时候，别太认真；人生路上，也许会有很多盒子，捡盒子的时候要睁大眼睛，但要是捡到了，就请闭只眼睛去掏盒子。

当然，如果捡盒子的时候实在没看清楚，上帝也正好在打盹，不幸捡到了那个只装有悲哀和痛苦的最糟糕的盒子，也请你坦然接受。如果认真翻遍盒子的每一个角落都找不到光明和快乐，不妨在牢记它的模样之后把它彻底扔掉，然后再次寻觅，寻找一只和它完全不同的盒子。当然，如果你是那个最幸运的孩子，捡到了那只盛满幸福的盒子，也要坦然平静，珍惜盒子里的东西，不要挥霍，否则，等到所有的幸福消耗殆尽，盒子空空如也的时候，你可能再也捡不到第二个同样的盒子了。

真正走进婚姻，才知道，爱情只不过是空中楼阁，婚姻才是真实的锯木头、垒砖头、盖房子的过程。人可以向往爱情，拥有爱情，可柴米油盐的日子却只能在房子里过，空中楼阁是喂不饱肚皮的。婚姻是捡来的盒子，拿到快乐，是你的运气；摸到艰辛，也是你的运气，不经历风雨怎么见彩虹。

所以，闭只眼睛享受婚姻吧，无论你从婚姻的盒子里摸到了什么，都请坦然接受，全力承担，安然享受。

闭只眼看婚姻，睁只眼看财产

根据"灯下黑"的规律，最容易视而不见的就是身边最熟悉的东西，婚姻中凡事不要太认真，睁只眼闭只眼，闭只眼看婚姻的同时，一定要睁只眼看财产。别说这样很物质，当一个家庭正常运转时，夫妻日复一日陷在生活琐事中，双方都没有心思去注意婚姻中"我名下的财产是多少"。但事实上，再好的婚姻，也怕"万一"，为了以防万一，一定要睁只眼看财产。

曾经有一个调查，是国内首家女性调查机构发布的调查问卷，题目是："妻子名下的财产有多少"。后来公布的调查结果是丈夫名下的财产比例在不同程度上都高于妻子。有专门负责婚姻案件的律师曾经公开表示，虽然我国的婚姻法，在离婚时关于财产分割的相关条例上对女性稍有倾斜。但实际上，在大多数的离婚案件里，女性在家庭财产的最后分割上处于劣势，很多妻子不仅不知道家里到底有多少财产，甚至连自己的一半收入都被作为共同财产分割给了丈夫。爱没了，家没了，连钱也没了，何其悲惨。所以，在婚姻的岁月里，请姐妹们看好你的钱，毕竟世事难料，为自己留存安身立命的钱财，才是最后的退路。没有钱的日子很难过，不看好你的钱，在未知的婚姻里，你将注定是弱者。

在这些年的离婚案中，因丈夫转移财产，致使离婚妇女权益受损的案例层出不穷。在这样的家庭中，妻子支配的大多是日常开支部分，而对除现金之外的其他家庭财产，许多妻子既不关心也不了解，夫妻间一旦发生财产纠纷，妻子往往因为拿不出足够的证据来争取自己的权利而处于劣势。因此作为弱势群体，妻子一定要做到心中有数，尽最大可能争取自己的权益。

首先，家庭财产中，最重要的"大件"就是房子。据调查表明，在婚后夫妻共同购买的住房中，有近七成的房产证上只写着丈夫的名字，二成写着妻子的名字，一成多写着夫妻双方的名字。

不同的人有不同的生活理念和生活方式。有的夫妻，双方收入放在一起共同支配，购房款当然也是不分你我的，这时，房产证上的名字大多按照约定俗成的方式，写哪一方均可。有的夫妻，双方收入各自支配，实行AA制，买房共同出资，这时，房产证上的名字或许就是夫妻双方的名字。然而，不论房产证上写谁的名字，只要是夫妻双方婚后购买的住房，均视为夫妻双方的共同财产，不存在写上谁的名字房产就归谁的问题。

其次，就是家庭的存款和消费。俗话说：家有千口，主事一人。那么，夫妻二人，谁是家庭消费的决策者？通常，由妻子做主的家庭消费主要集中在吃、穿等日常用品上，由夫妻共同做主的消费主要集中在大件电器、贵重物品以及买房、买车等大额消费上。当家中有余钱的时候，通常会存到银行，有的存在丈夫名下，有的存在妻子名下，还有一种家庭是井水不犯河水，各自的钱存在各自的名下。

不要等婚姻出现危机，妻子才想到要留心一下家中的开支去向，以防止丈夫神不知鬼不觉地将巨额消费"花"在外面。平日里，做妻子的就要多留点心眼，多多地关注家庭的存款和消费，只有防患于未然，才能防微杜渐。

最后，就是丈夫的生意。公司股份和经营收入可能是夫妻共同财产中最复杂的形式，因为它涉及的财产数额较大，所以成为许多夫妻财产纠纷尤其是离婚财产纠纷矛盾的焦点。因此，在丈夫开公司或做生意的家庭中，妻子对丈夫的投资和经营管理不能一点都不了解，夫妻恩爱时怎么都好，一旦发生婚变，妻子往往因为拿不出足够的证据，从而无法维护自己应得的财产权益。

除了这些，还有属于婚前个人所有的财产，婚后由双方共同使用、经营、管理的，房屋和其他价值较大的生产资料，这些财产只要经过 8 年，有些贵重的生活资料只要经过 4 年，就可以视为夫妻共同财产。对个人财产还是夫妻共同财产难以确定的，主张享有权利的一方有责任举证。当事人举不出有力证据，人民法院又无法查实的，都按夫妻共同财产处理。

为了避免日后可能引发的财产纠纷，夫妻双方还可以到公证机关进行财产公证，包括婚前财产公证和婚后财产约定。

这一节，听起来比较生冷，然而却是婚姻里必须知道的家庭财产常识，不仅是妻子，丈夫也要睁只眼看财产，才能保证如果"万一"，你不会"赔了夫人又折兵"，丢了情感又丢钱。

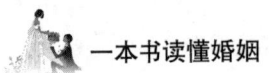

怎样与"重要他人"相处

爱情的种子来之不易，栽培更难，好不容易生了根，结了婚，可偏偏有一些所谓的"重要他人"看你的婚姻不顺眼，要来搞破坏。他们或出于嫉妒、眼馋，或者别有用心，还有的也可能是好心办坏事，反正总有些人会来捣乱。所以，千万留心，别让身边的"重要他人"破坏了你的美好爱情。

对于婚姻来说，最重要的他人，就是"长"字辈的人，也就是双方的父母长辈。不被父母祝福的爱情总是走得很艰难，所以，一定要学会讨好长辈，也一定要说服自己的长辈，让双方父母一起促成你们的爱情，而不是一起拆散你们的爱情。当然，要是遇到居心叵测的长辈，也要学会应对。

有时候，年轻小夫妻会莫名其妙地卷入长辈的纷争，成为一方攻击另一方的暗箭，这时候，爱情难免会遭遇滑铁卢。所以，在经营婚姻的时候，一定要多长点心眼，有自己的主心骨，不要让任何长辈牵制自己的爱情。

其次，"学"字辈也是非常关键的"重要他人"。学长、学姊、学弟、学妹是最常见的婚姻"害虫"，他们往往会打着照顾师弟师妹，师兄师姐的名义来对你的爱人进行特别关爱。面对"学"字辈的讨厌鬼，最重要的就是要学会"表态"，让所有人都清楚，你是某某的老婆（丈夫），谁都别想插一腿；你有能力经营好自己的婚姻，谁也别来瞎指导。

"学"字辈的婚姻破坏者最可怕，因为他（她）和你的爱人有着共同的学习经历，有着校园里共同的美好回忆，更了解你或你的另一半，所以更容易拆散你们的爱情。还是那句话，任尔东西南北风，咬定青山不放松，这样才能把婚姻坚持到底。

还有一种所谓的"重要他人"，那就是干姐姐干妹妹、干哥哥干弟弟，明明没有血缘关系，却打着手足之名接近你的爱人。这样的"干"字辈最危险，一起吃饭一起喝酒，打着"有难同当有福同享"的名义，说不定哪天就拉着你的爱人走进了婚姻的禁地。

日久生情，"干"字辈"重要他人"最容易产生爱情，但从古至今，落花有意流水无情的情况也很多。所以无论他们再怎么"亲"，作为爱人的你也不必畏惧。如果你的爱人真的爱你，不妨请对方在适当的机会跟"干字辈的重要他人"说明自己的感情，消除对方的念头，婚姻里也就不会再危机四伏了。

中国还有句老话，"远亲不如近邻"。很多时候，当我们遇到了感情上的难题，可能不会跟自己的父母商量，也不好意思打电话给朋友，却会选择推开邻居家的门，跟邻家的大姐小妹唠叨一番。可别小看"邻"字辈，在她们贴心出谋划策的背后，说不定藏着一颗冷漠的心。

并不是所有的人都希望你"过得比我好"，你没有理由要求别人必须帮助你成就你的爱情。也许邻居看着你家这么多年一直比他（她）家过得好，看着你家的大人健康顺利，孩子学业有成，心里从羡慕变成嫉妒，恨不得你家乱套了才好。所以，情感的问题，邻居并不一定会真的给你"善意的指导"，对于那些看似有用的建议，还是多加注意为好。

打败婚姻的假想敌

很多刚结婚的人都有这样的感觉，结婚后，生活中好像就有了一种对手——婚姻假想敌。这个对手可能是丈夫的旧女友、暗恋对象或者他曾提及过的女人，也有可能是新的家庭关系，还有可能仅仅是丈夫的工作、爱好或者狐朋狗友，也可能是妻子的旧男友等人。这时，婚姻中的双方就开始在心中暗暗较劲。妻子可能会想，自己的身材是不是比不上丈夫提过的那个女孩；自己的言行举止是不是已经被婆婆挑剔；自己对他是不是已经不再有吸引力，以至于他周末宁可和几个男性朋友去钓鱼，也不肯陪自己逛街？于是，刚刚结婚的两人在心中与假想敌拉开了三百六十回合大战的序幕，战得自己心神不安，战得婚姻鸡犬不宁。最终呢？或许这个假想敌也在心中把你当作对手，也可能这个假想敌对你一无所知，甚至可能从来都不曾有这样一个假想敌真正出现过，从始至终只是你一个人自导自演。陷入假想的人就只会怨恨、猜疑、忌妒，让自己暗自神伤。

其实，婚姻里真正的敌人不是没有，而是你自己。要爱得愉快，或恨得伤悲，都是你自己主导的。在戏里，真正的主角是你自己，聪明的人，懂得好好修炼自己，将自己的婚姻戏演绎得更加精彩。说白了，婚姻假想敌的事，就是婚姻路上，自己战胜自己的一个过程。

站在妻子角度，对于丈夫的旧情人或女同事，你之鲍鱼也许不过是他人之糟糠，用平常心看待老公身边的漂亮女人就好。

美国诗人纳许在一首小诗《由女婴之父来唱的歌》中说，他生了女儿吉儿之后，惴惴不安，感到不知在什么地方有个男婴也正在长大，现在虽然还"浑浑噩噩，口吐白沫"，却注定将来会抢走他的吉儿。于是做父亲的每次在公园里看见婴儿车中的男婴，都不由神色一变，暗暗想到："会不会是这家伙？"想着想着，他"杀机陡萌"，便要解开那男婴身上的别针，朝他的爽身粉里撒胡椒粉，把盐撒进他的奶瓶，把沙撒进他的菠菜汁，再扔条鳄鱼到他的婴儿车里陪他游戏，逼他在水深火热之中挣扎而去，去娶别人的女儿。这就是典型的假想敌，其实，你之鲍鱼也许不过是他人之糟糠。特别对于婚姻中的女人来说，一定要有一颗平常心，不要把自己的丈夫看成人见人爱的潘安，也不要艳羡漂亮女人，对自己丧失信心，把对方看成眼中钉，多花些心思修炼自己，修炼婚姻，才是正道。

关于恶婆婆的假想敌，几乎是每个新婚女人都会有的。然而并不是所有的婆婆都是恶婆婆，用心去观察体会，用爱去改变，其实，婆媳关系并非全都那么难处。

这个世界上没有谁天生就是来和你作对的，婆婆也一样。她可能挑剔、苛刻，但她并不是你心目中的假想敌，她只是想给自己的儿子找一个好伴侣而已。如果站在她眼前的不是你，而是另一个女孩，她一定也同样不会轻易放松警惕，也许会更加慎重。所以，不要从一开始就对婆婆产生抵触情绪，要用心去改变心中的成见。同时，老年人的看法、观点和年轻人不一样，这是必然的，她并不是针对你。而且，因为老年人精力不好，所以有时候他们没有那么多的热情招待你，这也并非对你轻视，用善意的心去理解婆婆，相信真爱的世界里没有真正的恶婆婆。

至于把丈夫的爱好、工作和哥们儿当成假想敌，那就更大可不必了。聪明的老婆，要学会和他一起享受爱好，分担工作，一起款待哥们儿，这样，爱情假想敌就变成了真情助推器。我们的生活不仅仅只有婚姻，特别对于男人而言，当激情逐渐退去后，他们难免会心生旁骛。这个时候，有种特殊的爱好，有份忙碌的工作，有几个可以倾心而谈的哥们儿，总比拈花惹草、吃喝赌博强得多吧。这个时候，妻子千万不要乱吃醋，那样只会适得其反。学会和他一起享受他的爱好，欣赏他的工作，赞赏他的哥们儿，这样，他会感觉到你的理解和体贴，同时也不再将你排斥在爱好、工作和哥们儿之外。如此以来，会有更多时间在一起，你最头疼的爱情假想敌也就变成了婚姻的助推器。

对于丈夫也一样，打败婚姻的假想敌，才能真正享受婚姻。

像经营企业一样经营爱情

中国有句俗话说得好，"不打无准备之仗"。浪费时间、物力、精力的事情一开始就不要做，结局肯定是赔了夫人又折兵。婚姻也一样，因此，要像经营企业一样去经营婚姻，幸福婚姻才会眷顾你。

首先，注意投资与收益成正比。

大部分情况下，婚姻收益与你投入的时间、爱心、耐心等大致上成正比。但也有很多失败的时候，一厢情愿的爱情和恋爱中发生的种种问题都会影响收益。

投资前要全盘核算，重点抓住本质而又真实的、较能"靠得住"、"维持得久"的信息。比如对方的品德、才能、素质、发展潜力、对家庭的责任心、对事业的上进心等，然后进行"比较—鉴别—择优"，这样才能核算出真实的投资大小。当然即使盯住了最重要的信息，由于男方可能通过"隐蔽特征"和"隐蔽行为"向女方发出虚假信息，误导女方的选择，因此还要设法判断男孩是真情实意还是虚情假意。这就需要女方有一双"火眼金睛"，有识别能力，确定他到底值不值得你投资下注。用经济学术语来讲，消费者的目的是追求效用最大化。用经济学家黄有光的话来说："人生的目的在于追求快乐"。这就提供了一个度量男女之间感情投资的尺度：如果你跟某人相处，会有很快乐的感觉，并且"心疼"着对方，即"因为对方快乐所以你快乐""因为对方烦恼所以你烦恼"，这就意味着"你已爱上他或她"了。但现实婚姻中，除了感觉，还有很多其他收益是你期望得到的，所以，一定要列出清单，算清楚投资大小和收益回报率，再决定是否投入这场爱的资本。

其次，瞄准市场投资。

虽然婚姻讲究缘分，但也必须知道适合自己的是什么，自己在哪方面有优势，然后放手去投资，损失才不会惨重。

如果一个国家用单位资源生产的某种产品比另一个国家多，那么，这个国家在这种产品的生产上就具有绝对优势。对女人来说，量力而行的爱情和婚姻是最合适的。女人要学会"适时"展现自己的绝对优势，来经营自己的爱情。比如你喜欢一个男人，你以为你的温柔和善良就是你的撒手锏，长时间无怨无悔的付出和给予就是你在爱情里必胜的筹码。可他心里却偏偏喜欢个性张扬、霸道调皮的女孩，所以，你付出的筹码注定是不合适的，就算投入再多也不会有理想结果。所以，瞄准市场投资，对于爱情经济学来说尤为重要，无论筹码的大小，只有适合，才会有真正"赢"的可能。

再次，适时垄断市场。

认定那个人就是自己一生的守候，就要及时将情感市场的大门关闭。

从经济学角度讲，最赚钱的就是独门生意。如果这个行业只有你一个人在做，哪怕是再小的行业，想不赚钱也难。所以要想确定长期的感情关系，就应该想办法让自己成为爱情经济学里的垄断者，利用自己的资源优势垄断他的情感市场。也就是说，在某种资源上让他无法离开你，这种垄断，可以是生活上的，也可以是情感上的，还可以是家庭关系上的。只要你占据了垄断地位，不怕他不给你回报。当然，如果你的爱情无法垄断，被第三者甚至第四者分了一杯羹，那么在竞争威胁出现之时，你如果还找不到垄断爱情的途径，那么就尽早做个了断。否则，在未来的岁月里，你将面临更多的竞争对手，没有垄断的爱情和婚姻，必将危机四伏。有的女人用孩子作为垄断的手段，毕竟奉子完婚的事情古来有之，只要孩子的父亲买账就可以。

最后，稳固业绩。

企业良好的业绩需要持续巩固。婚姻稳固靠的是彼此的真诚与爱，所以，三心二意要不得，稳固彼此感情才能长相厮守。

都说"打江山容易守江山难"，婚姻也一样。要下功夫做研究稳固业绩，才能长久幸福地生活在一起。想靠投资赚钱就得好好做功课，要想在婚姻的赌局里常胜不败，就不要指望运气，而要靠耐心、关心和爱心。切记不要在初战告捷后就放弃对爱情的守护，看似成功的赌局可能潜藏败走麦城的陷阱。对大多数人而言，幸福婚姻的指标就是和一个人厮守一生。所以，要把婚姻作为长期投资，长久持有、天天养护是最重要的。当然，也有做当日冲销的短线炒家，但如果没有内幕消息或者操控市场的能耐，杀进杀出的结果恐怕是丢盔弃甲，在婚姻里做短线，十有八九会两手空空。短暂的天雷地火固然刺激，终究不如细水长流的两相厮守，所以，一定要珍惜眼前人，好好呵护已有的婚姻业绩，既不能见异思迁，也不能将婚姻束之高阁。

融入新角色，做婚姻的 CEO

企业的发展要靠 CEO，家庭的安稳也要有人来领导。其实，每个家庭都如同一个企业，做好婚姻的 CEO，像经营企业那样经营家庭，才能把家庭之舟驶进幸福的彼岸。

企业要想在激烈的市场竞争中立于不败之地，一定要有自己的王牌，或有尖刀产品，也可以是优厚的售后服务，或同等质量下极具竞争力的价格，总之一定要打出自己的特色，才能够在众多竞争对手中站稳脚跟。婚姻也一样，一定要有自己的特色。

听朋友讲过这样一个生活细节：一次同学聚会，朋友回家后闷闷不乐，看着昔日的同窗好友有的嫁给了大款，有的嫁给了硕士博士，唯独自己嫁给了一个又穷又忙的军人，心里极不痛快，连周末"例行公事"的心情都没有了，吃过晚饭就坐在床上对着电视发呆。丈夫感觉不对，开始了"政治思想工作"。朋友是个直脾气，没什么心眼，丈夫一问，她就唠叨开了，抱怨丈夫不挣钱，不求上进，然后搬出同窗们的婚姻，大有后悔当初嫁错了人的味道。朋友的丈夫也不吱声，悄悄走进洗手间，打开热水器，放了满满一脸盆温水，然后端到了床前。朋友习惯了每晚都由丈夫给打洗脚水，这个习惯还是从朋友怀孕那年开始的。那时候朋友肚子大，不方便打洗脚水，丈夫就每晚给朋友端洗脚水，后来就变成了习惯。那一天，朋友边抱怨边脱下袜子把脚放进脸盆，丈夫就沿着朋友的脚趾缝慢慢搓洗着，一句话也不说。洗完脚后，丈夫把擦脚毛巾塞到朋友手里，悠悠地说了一句："老婆，你问问你那些同学，她们的老公给她们洗脚吗？"朋友愣了，洗脚和婚姻有什么关系？正巧电话铃响，原来是嫁给了大款的同窗打电话询问白天所说的减肥霜的牌子。俩人聊完减肥霜，同窗问了朋友一句："亲爱的，你干吗呢？"朋友随口回答："我老公正在给我洗脚。"电话那头惊讶地叫了起来："哎哟，孩子都打酱油了，还这么肉麻呀！"朋友这才想起刚才丈夫说的话，便问同窗："你老公不给你洗脚吗？"电话那头不满地哼了一声："他呀，别说给我洗脚，一个星期能在家睡两晚就不错了。除了惦记他的那点生意，还能惦记什么？"朋友连忙安慰同窗："他不也是为了多给你挣点钱吗？哪像我老公，多少年了还是那么点死工资。"同窗在电话那头笑着说："你知足吧，你以为钱多了就好过啊，还不是一样；可人在你身边就不一样了，天天陪你说话，每晚给你洗脚，你瞧你多幸福，我巴不得我老公哪天良心发现，给我洗回脚呢！"放下电话，朋友的心情好多了，冲老公露出了笑脸。

这个故事说明一个问题，那就是经营婚姻和经营企业一样，一定要有自己的王牌优势，只有这样，才能保证婚姻的凝聚力。

除了有王牌优势，还得学会像人力资源部那样调整家庭关系。

不要小看家庭中的纠纷，其实，如何处理婆媳、妯娌和夫妻关系，和企业的人力资源部所面临的问题是一样的。而这些关系中，无论哪个出了问题，都可能影响到家庭的平稳发展，所以，要像CEO协调董事会成员利益关系一样，调整好自己的家庭关系。

协调董事会内部关系，削减一个人的权力或反对一个人的意见并不意味着要发生正面冲突，只要利用好相关人士进行牵制就能调整权力关系。调整家庭关系也一样，婚姻里的婆媳关系、妯娌关系、夫妻关系、姑嫂关系等，一定要处理好，如果出了问题，都有可能影响婚姻的大局。

最后，长久的婚姻一定是可持续发展的婚姻，一成不变的婚姻只能是一潭死水，很快就会枯竭。就像企业一样，要想永远立于不败之地，就要顺应市场发展，坚持可持续性发展原则。所以，作为婚姻的经营者，要不断发掘婚姻自身的潜力，创新变革。

总之，经营婚姻不是一件容易的事情，要多思考、多实践、多创新，把婚姻当成一项事业来经营，才能保持婚姻长盛不衰。

第四章
如何经营自己的婚姻

盘点自己的婚姻筹码

很多人期望有这样的课程出现：爱情经济学、投资婚姻不蚀本课、婚姻成本计算、嫁哪种男人前途最光明课……货真价实、童叟无欺地把感情过过秤，科学冷静地作出判断，最好还能生成表格，一目了然，这样才不会让自己成为爱情和婚姻里的牺牲品。

婚姻也是一种投资，需要核算比较。为什么有的人能赚到一生幸福，而有的人付出一生、倾其所有却收获痛苦？在婚姻里，也有成本与收益的问题。

你花掉多少成本，包括感情、时间、物质等，最后就能有多少收益，这些收益涵盖方方面面，比如被对方肯定和接纳，获得快乐感，得到外界的赞许，拥有朋友、家人的支持，这些都算收益。在这个崇尚自由、独立的年代，很多人害怕付出，担心赔了夫人又折兵，搭了本钱空耗了岁月，却又渴望美好的爱情从天而降。于是爱情经济学就成了人们希望得到的通向幸福的达芬奇密码。

在婚姻里做算术题其实是很难的，因为爱情本就不是一笔可以算清楚的账。所以我们一定要好好盘点自己的婚姻筹码，至少可以让我们在通向幸福婚姻的路上做一个聪明人，为自己赢得最大限度的幸福。

婚姻筹码一：时间。

对男人来说，时间是个好东西，可以让有能力的男人像老酒一样越老越香醇。可对于女人来说，时间就像面包的保质期，珍贵易逝。所以，从某种角度来讲，时间是女人的天敌。从时间经济学的角度讲，人的时间消费体现为注意力的支出，人的注意力伴随时间的消耗而消耗。诺贝尔奖获得者贝克尔所创立的时间经济学，就是研究如何使时间经济使用、杜绝浪费的一门学科。对于爱情中的女人来说，时间经济学是爱情经济学中的首选课程，因为女人们的注意力永远纠结在"爱情"这两个字上。

那么，如何让时间在爱情里实现消费效用最大化？也就是如何最有效地利用时间的筹码去获取婚姻的胜利？这就要靠我们自己来把握了。

根据时间经济学理论，要充分利用时间去创造经济价值，就要从静态的"经济人"变成动态的"经济人"，这对婚恋经济学一样有效。如果你总是在固定的时间打电话给他，和他约会，那么你的筹码看起来很重，实际却起不到有效的作用，因为他已经知道了你每次下注的大小，也就大致知道了你手里有多少牌，想怎样出，这场游戏对他来说就已经没有太大的挑战性和诱惑力了；即便你的赌注再大，他也会感到索然无趣。所以，一定要变成动态"婚姻经济人"，也就是说，要改变固定的赌注习惯，不按招数出牌，这样你才有可能吸引他的注意力，也才可能出奇制胜，不至于将很多年的时间变成无效筹码，把自己变成婚姻里那个苦苦等待多年、消耗了青春韶华却最终输掉的秦香莲。

婚姻中输掉时间筹码的人很多，结婚多年最终被抛弃的人也有很多。特别是女人，等男人过了三十岁，金钱、地位什么的都有了，不再需要有能力但年过三十的女人来帮衬了，到那个时候就连最基础的爱也输掉了。这样长久的付出，看似下了重注，却因为不懂时间经济学而输掉了整场婚姻。

婚姻筹码二：物质。

自古到今，纵横中外，无数大人物都曾洋溢着一脸幸福，无比陶醉地告诉我们，"爱情是纯真且纯粹的，掺不得半点杂质"，"真爱，什么都不必计较"，"崇高的爱情里，没有'物质'这两个字"。所以，物质一直是爱情里最俗的那张牌，很多人都以是否愿意为爱情贡献或者放弃物质利益为评判真爱的标准。对于婚姻这场赌注来说，物质利益是否必要，占多大比重，是很多人无法权衡的问题。然而我国古语有云"婚嫁之事，惟论门户"，先秦开始诸子百家时代，"门当户对"就已经成了约定俗成的社会规则。无论是《诗经》里的寓言故事还是秦朝的刻石规定婚姻要"贵贱分明，男女礼顺"，无论是唐代"民间修婚姻不记官品，而上阀阅"的门第观念，还是元明清时"诸良家女愿与人奴为婚者，即为奴婢"的通制，无一说明了"门当户对"的婚嫁经济学。所以，物质对于婚恋经济学来说，是不可忽略的重大课题。

爱情的终极目标就是婚姻，而作为社会最小组成部分的家庭是构筑在经济基础之上的上层建筑，注定无法逃脱物质筹码的约束。芝加哥大学经济学家加里曾提出"新家庭经济学"，他认为人们结婚的目的在于想从婚姻中得到最大化的收入，如果婚姻收入超过了单身的收入，那么人们就会选择结婚，否则就宁愿独身。所以，爱情的输赢其实和"物质"筹码的大小有密切关系。每个人都有趋乐避苦的本性，即便是崇高到为了爱情放弃物质利益，放弃的物质利益一样也是获取爱情的筹码，付出筹码的人要换的就是爱情的幸福。可如果她原本就不具备物质利益的筹码呢？通俗地说，也就是公主爱上平民，看起来很高尚，因为公主为了爱情付出了物质利益的筹码，那么你能说农家女爱上砍柴郎就不高尚吗？可实际的结果是，公主通常会在日复一日的婚姻里变成一个贫贱夫妻百事哀的"爱情悲情主义者"，而农家女和砍柴郎却很容易把小日子过得红红火火。这不过是因为，在这场爱情的赌注中，双方的赌注差距太大，四两拨千斤的爱情力量很难维持长久的平衡。所以，公主通常会输掉这场婚姻，不是那个她为之付出筹码的人不爱她了，而是因为在她的心里，早就已经失去了这场幸福的赌注。

婚姻筹码三：关系。

关系经济学是这几年非常流行的一个经济学分支。在人际关系被日渐看重的今天，六度分割理论的流行使婚恋经济学也一样不可免俗地走进了关系经济学阶段。根据"你和任何一个陌生人之间所间隔的人不会超过六个，也就是说，最多通过六个人你就能够认识任何一个陌生人"的六度分割理论，如果你认识了六个人，也就认识了很多人。而在爱情里，有一个筹码众所周知，那就是为了爱情付出关系的筹码。于是，很多人利用对方或其家庭的关系谋求更好的工作或者更多的利益关系，这种赌注也就成了婚恋里常用的筹码。

现实生活中，很多精通关系经济学的女人，靠着爱情上位，这在影视圈和大型公司里很常见。这个筹码太复杂，赢了的人，获得的是感情和关系，而输了的就不只是感情了。而且关系筹码可以说是最危险的筹码。弄不好，就容易变成"潜规则"甚至"艳照门"事件，那就不是婚姻的输赢问题了，而是连基本的名誉甚至人格都输掉了。所以，这个筹码也不是那

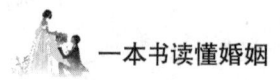

么好得到的。再值得仰慕的关系，也不如婚姻的幸福让人温暖。

婚姻筹码四：品行。

有些女性在婚姻中，总是强调婚姻里的那个人对自己有多好，有怎样的物质基础，等等，却忘了最重要的一个筹码——品行。一个品行不端的男人，再怎么好，都是虚伪的。还有一些女人，在婚姻里单纯地庆幸着自己遇到了一个"好"男人，善良正直，认为只要人好，就万事大吉。其实，对于男人的品行，在结婚前最多只能看清楚一半，很少有男人会在婚前把完全真实的自己展现给你，而且你也没有充分的机会去认清他的品行。所以，"品行"这个筹码，是很难捉摸清楚的，要靠运气和细心观察。

最现实的一个例子是：第一位通过自考取得复旦大学博士学位的中国农民李德辉，从一位农村篾匠到博士毕业生，再到湖南科技大学教授、中国古代文学研究生导师，数十年来支撑他的，正是相濡以沫的篾匠妻子周林跃。这个叫周林跃的女人，为了陪丈夫读研，在学校附近当了几年保姆，她把儿子寄养到亲戚家里，把所有的收入都用来支持丈夫读书。这样的女人实在太难得了，因为我们已经没有勇气在这个充满诱惑，充满变数的世界上做傻傻的秦香莲了。我们没有勇气用自己所有的力量去赌一个男人的品行，可周林跃却赌赢了，当李德辉被湖南科技大学接收为教授的时候，这个男人唯一的要求就是："给我的妻子安排一份工作。"

婚姻筹码五：能力。

最后一个筹码，就是一个人的能力。对男人来说，社会对男人的要求永远比女人苛刻，男人可以没有家庭背景可以没有俊美容貌，却不能没有能力，能力永远是好男人的标签之一。对女人来说，也要有上得厅堂下得厨房、行走社会的能力，不能只做家里的金丝雀，否则就算是有朝一日糟糠之妻不下堂，你恐怕也会成为那个独守空房的怨妇。那些涉世未深的女孩可能会认为，嫁给有能力的男人，一辈子就有享不完的福，有钻石、珠宝、美酒咖啡，还有花不完的钱。其实这些想法都是片面的，每一个成功男人背后一定有一个坚强的女人。所以，作为丈夫，要有能力成为那个成功的男人；而作为妻子，要有能力成为那个坚强的女人。

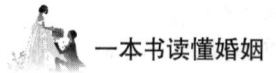

山寨婚姻终究还是"山寨"的

当城市里的婚姻变得越来越奢华也越来越脆弱时，当都市男女都在为琉璃般易碎的爱情苦恼时，"乡村爱情故事"悄然盛行。充满田园色彩的唯美婚姻，远离都市喧嚣，放弃金钱、名利和地位，提倡像乡村生活一样简单、纯净的婚姻出现了。这里，姑且把这样的爱情称为"山寨婚姻"。可能有人会问，为什么要把听起来如此纯美的类似裸婚的婚姻，称为"山寨婚姻"呢？那就先从"山寨"这个词的来源说起吧。

"山寨"一词源于广东话，是小型、小规模甚至有点"地下工厂"的意思，主要特点是仿造性、快速化、平民化。山寨版春晚、山寨版明星、山寨版手机、山寨版"神七"、山寨版"鸟巢"以及山寨版的《红楼梦》，都有档次低、标准低的含义。那么"乡村爱情故事"，放弃了之前我们论及的关于婚姻的种种条件，放弃了本应认真考虑的坚实的物质基础，自然最后就只能走入"山寨婚姻"了。当然，如今的山寨婚姻开始大都有一个幸福范儿，但两个人的日子究竟过得如何，恐怕只有当事人自己心里最清楚。平心而论，降低了标准的山寨婚姻，貌似单纯可爱，实则难免导致爱情乃至婚姻的"粗制滥造"。

有一位叫小梅的女孩，在看了《乡村爱情》后，就想到乡村去当"新农民"，找一份充满田园色彩的唯美爱情。于是她大胆向所有曾经给她写过情书的大学同学发电子邮件，谁愿意支持她下乡创业，她就嫁给谁。没想到只有那个她最讨厌的胖子华回复了她。胖子华家境殷实，在城郊为她建了山庄，与她一起开山挖地，养牛牧羊。不到半年，他们的"梅花山庄"就成了都市人忆苦思甜、回归自然的休闲好去处，生意越来越火。他们就请人打理，自己在城里买了复式楼房，开始享受都市的繁华。当《乡村爱情》重播时，小梅不禁哑然失笑，她没想到自己终究还是回到了城市，"乡村爱情"既不田园也不纯美，不过是山寨版的《乡村爱情》而已。

很多时候，年轻男女都把婚姻想象得太美，现实里的婚姻，充满了鸡毛蒜皮。当真爱失去了基础，幸福就成了一场悦人不悦己的超级模仿秀。所以，不要为了所谓的梦想屈就，年轻的时候，我们可以为一份卑微的爱情死去，但等我们成熟起来之后，还是要为一份属于自己的崇高爱情而耐心等待和守候。

大部分山寨婚姻总是以一见钟情绚丽开篇，因为很多人一旦遇见爱情，就开始犯傻，以为一见钟情才是最浪漫最幸福的爱情，是上苍对自己的恩赐，把这个冥冥中一直在等候自己的人带到了身边。其实，一见钟情的潜台词有很多，不看清楚"山寨"的真面目，千万别轻易投入。

当对方对你说，甚至你自己对他说，什么都不在乎的时候，千万别轻易相信，因为你们还没有真正经历柴米油盐的岁月，年轻的你们还没有体验过生活的酸甜苦辣。当你们不在乎爱情和婚姻的"档次"，真的选择

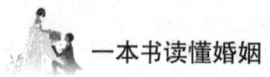

"山寨爱情"之后，恐怕哭都来不及。

　　山寨的就是山寨的，质量差，档次低。再美丽的山寨婚姻，也不过是一场华丽的梦而已。真实的婚姻虽然五味杂陈，没有王子公主的日子，但两个人毕竟真实地活着，与其顶着山寨的危险攥紧眩目的婚姻，不如放下包袱活得真实些。偶尔童话可以，偶尔幻想也可以，但不必山寨。要知道，寨子里月黑风高，常有猛虎出没，暗箭伤人，所以山寨婚姻很危险，回头是岸！

恋爱是两个人的事，婚姻是两个家庭的事

20世纪90年代，好莱坞拍摄了搞笑版的《人猿泰山》，里面有这样一个片段：当泰山与珍妮相爱后，珍妮的妈妈绞尽脑汁地给泰山讲解，在人类的世界里，结婚是要门当户对的，就像带斑点的只能找带斑点的，带条纹的只能找带条纹的。珍妮的妈妈试图用这个问题，打击"美女与野兽"的美好姻缘，虽然终未"打击"成功，却也揭露了一个现实的问题：恋爱是两个人的事，但婚姻却成了一群人的事。

2006年，根据作家王海鸰的同名小说改编的电视连续剧《新结婚时代》一经播出，便受到了广泛的关注。这部电视剧反映的正是这样一个主题：恋爱是两个人的事，婚姻是两个家庭的事。该剧讲述了城市女孩顾小西与农村小伙何建国一波三折的婚姻故事。在剧中，顾小西的母亲曾说过这样一句话："在他们看来，你嫁给了他，就等于嫁给了他全部社会关系的总和。你们俩的结合，就是两个家族的结合，他娶了你，就等于娶了你的一切，包括你的社会关系、你的父母……"这句话道破了婚姻的真谛。恋爱的时候，两个人可以躲在二人世界里如胶似漆、无视他物；而结婚之后，两个人就必须融入彼此的家庭，必须遵守两个家庭的规则，承担两个

家庭的冲突。

2001年的经典电视连续剧《激情燃烧的岁月》，剧中石光荣有很多穷亲戚，他们隔三岔五就从老家跑来找石光荣，并且一来就住在石光荣家里，惹得石光荣的老伴满心烦恼。嘉兰的爱情也是如此，嘉兰的老公海洋是村子里最有出息的孩子，不仅在城市里做了官，而且还买了房娶了嘉兰这个地道的城市媳妇。嫁给海洋之前，嘉兰的妈妈就不同意，说农村人穷，嫁给他不知要有多少麻烦。嘉兰不听，认定爱情是两个人的事，跟海洋的那些农村亲戚有什么关系？可真结了婚，嘉兰才知道，嫁给了他，就不再是两个人的爱情了，嘉兰和海洋的家成了海洋家那帮穷亲戚在城里的根据地，谁来都住他们家。

首先是公公婆婆，他们可不是外人，闯入二人世界也理直气壮，可他们的生活习惯却令嘉兰无法忍受。公公喜欢抽烟，嘴上无时无刻不叼着一个旧烟锅，嘉兰有哮喘、最怕烟味，可公公的土烟丝气味浓烈，婆婆和老公是习惯了，可对嘉兰来说，每日都很煎熬。蜜月时，公公婆婆来住了两个月，他们走后，嘉兰整整咳嗽了半个月。婆婆节俭，刷碗只用抹布擦一下，洗菜只用清水冲一下，抹布上有多少细菌呀，菜叶上多少农药啊，嘉兰又不敢说，怕把原本就生疏的婆媳关系弄得更尴尬，只好每天坚持自己下厨做饭，每次吃饭前，都把碗再仔仔细细地刷一遍。农村人际关系复杂，街坊四邻大都沾亲带故，不是姨就是姑，不是叔就是伯，自然都要一碗水端平，亏待了谁都不好，于是，两个人的世界就变成了无数个人的落脚点。结婚不到一年，俩人就迎来了七、八拨海洋家的穷亲戚，先是海洋三姑的儿子来城里上学，三姑夫带着儿子提前3天来考察学校，在嘉兰家住了两天。那个来上学的十七八岁的大男孩，就在嘉兰的电脑前整整坐了两天，害得嘉兰持续了 3 个月的小说创作不得不停下两天。海洋说："一年也不见得上一次门的亲戚，就让他玩会儿吧。"三姑夫走了不到半个月，海洋的老姨又带孩子来北京看病了，自然住在海洋家。嘉兰不仅要给她们娘俩做饭，还要陪她们去儿童医院看病。这下可好，一个星期请了 3 天假，当月的全勤奖没了。接下来是中秋节，村长来城里招商引资，住在海洋和嘉兰家也是必然的，而且既然是招商引资，自然要海洋帮着张罗请人吃饭，钱倒是不要海洋掏，可时间却是要搭的。后来，七大姑八大姨隔三岔五来叨扰，闹得小两口支出频增，两个人的世界怎么也连贯不起来了。

恋爱的时候都盼着结婚，可真正结了婚，就有了两个家庭的琐事。要想把婚后的日子过好，就得想办法协调好两个家庭的事。

首先，尽快融入对方的家庭。虽然，对方的家庭环境可能与你的家庭环境大相径庭，但不管什么样的家庭都有爱有温暖，尝试用一颗理解的心去对待对方的每个家庭成员，就能够尽快融入对方的家庭。

其次，尊老爱幼。不管对方的家庭背景如何复杂，家庭条件如何糟糕，既然结婚了，就要做他家的好媳妇。好媳妇就要尊老爱幼；好丈夫就要勤奋努力，认真工作。

最后，虚心接受长辈意见。初次见面，对方的家人或许会对你相敬如宾，时间一长，真把你当成家里人了，自然会对你没那么"客套"。不要介意他们的要求、意见乃至批评，虚心接受长辈的意见，才能够成为他们满意的"自家人"。

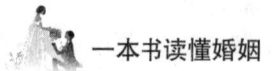

相爱的人谁不盼着白头到老

婚姻这东西，有谁不盼着白头到老，最渴望的幸福无非就是那四个字：白头到老。可感情的事情谁又能说得清楚，原本盼着白头到老的爱情，却走向了情感的坟墓。于是，白头到老成了很多人可望而不可及的彼岸。

爱情的本质是什么？是爱，是源自心底汩汩不竭的爱。爱情的基础版是恋爱，升级版是婚姻，但无论是基础版还是升级版，其真谛都是两个人在朝朝暮暮的日子中碰撞，在鸡毛蒜皮的琐事中争执，在斗转星移和世事变迁中不离不弃。感情总会在曲折多变的生活轨迹中不断接受考验，相爱的人谁不盼着白头到老，然而白头到老的又有多少呢？仅靠初恋时的热情是无法承受爱情之重的，更无法承受婚姻之重。白头到老＝爱心＋耐心＋宽容＋忠诚＋付出＋坚持。白头到老是包容彼此的过错，恩恩爱爱；白头到老是爱情淡化后的亲情，是惦念和习惯。婚姻的本质就是把原本生活习惯不同、生活观念不同的两个人种植在一起，磨掉彼此的棱角，变成一个和谐共生永不分离的共同体，只有这样，才能实现白头到老。

所谓同心锁、许愿树的存在，代表的也无非就是白头到老的梦想。可现实生活中，王子和公主的幸福生活不会永远不变。盼着白头到老，就真的能把爱情进行到底吗？

那么，究竟是什么，让我们不能白头到老呢？

当下，观念多元化，离婚简单化，让我们白头到老的梦想越来越难以实现。以前恋爱要偷偷摸摸的，接吻要黑灯瞎火的，结婚要组织安排居委会撮合的。可现在，恋爱成了家常便饭，接吻可以随时随地，富翁征婚非处女不要的广告满天飞，婚姻仿佛成了廉价商品，待价而沽。"洞房花烛夜，金榜题名时"的幸福和严肃也早已消失，取而代之的是网恋、一夜情、闪婚等。很多人的婚姻都已经不再是一辈子的事情，婚姻成了一种个人行为，大家可以轻易地说爱或者不爱了。2006年10月1日，新《婚姻登记条例》正式实施。新条例明显降低了结婚和离婚的门槛，使婚姻的来去变得更加容易，办理离婚手续不再需要单位开具证明，符合条件的当天即可办理离婚手续，只需支付10元工本费。

结婚简单了，离婚简单了，而人口的流动化加大了，独生子女的比例也越来越大了。以前人口流动要办调动/迁户口，才能到外地工作生活，现在一切都省略了，只要想走，买张火车票就可以走天涯，想在哪里落脚就在哪里落脚。于是，两地分居的婚姻越来越多，牛郎织女的婚姻能够撑多久？最后的结局是不是白头到老，我们谁也说不清楚。近年来，中国的离婚率猛增，而离婚案件中47%是20～30岁的年轻夫妇。这些人是20世纪70年代末实行的独生子女政策的产物，这些小皇帝、小公主们都被宠坏了，没有太大的责任感，也不知道怎样与另一个同样被宠坏的人共同生活，所以，爱情就变成了一场难以白头到老的白日梦。

其实再好的婚姻，也由无数次离婚的念头和绝望的争吵组成。所谓的白头到老，依赖的是双方的忍耐、成长、坚持和坚守。两地分居的婚姻也有白头到老的，朝朝暮暮的婚姻也有很多闪婚闪离的，所以相爱的人要想白头到老，最需要的是付出、忍耐和忠诚，只有这样，才有可能白头到老。

实行婚姻责任制，爱情成长更健康

现实生活中，很多恋人一旦进入婚姻状态，就会想着互相帮助。所谓互相帮助，就是要求对方利用关系帮自己找工作，或者希望对方给自己凑钱开公司，再有就是把对方当作最信任的人，来帮自己料理生意或生活中的事，或者帮助自己的"重要他人"。这样的互相帮助，看起来很有"夫妻档"的味道，听起来很有同甘苦的情谊，说起来有种类似"打仗亲兄弟，上阵父子兵"的温暖，然而，正是这样的互相帮助，为我们的婚姻埋下了隐患。一旦婚姻出现问题，就难免有一方会觉得对方亏待了自己，因为这一方利用自己的资源优势帮助了对方，要不就是另一方觉得对方薄情寡义，不再继续帮助自己了。其实，这都是因为没有实行婚姻责任制，如果在最初，就明确婚姻责任制，那么婚姻就会成长得更加健康顺利。

确立婚姻责任制，并不是一件容易的事情，需要双方一起努力。既然双方都明白婚姻责任制的必要性，就要协商好彼此的责任，对"帮助"的范畴达成一致。

夫妻亲密无间，是情理之中的事情。但再亲密的恋人，也应该实行婚姻责任制，无论是在金钱上还是在劳动上，无论是在社会资源上还是在人际关系上，都应该有明确的责任区分，再不分你我的婚姻，都应该制定婚姻责任制，明确"你的"和"我的"。

中国有句老话，"亲兄弟，明算账"。何况是夫妻，所以，订立原则一就是：算清楚彼此的责任。首先在经济上，如果不是 AA 制，而是钱混在一起花，就要有一个明确的共同认定的责任比例。如某一方的支出与他（她）所承担的责任明显不符，最好有一个书面的字据，说明是借款，日后需要归还。

订立原则二是：有限度地帮助。即便是一方有明显的优势资源，也要在结婚最初就确定责任限度。建议在婚姻中实行有偿帮助原则，也就是说，在责任制定范围内的帮助，可以无偿；范围之外的，无论是金钱还是社会关系、资源优势，要么不帮，要么折算成对等的参照物进行有偿交换。

爱情责任制听起来难免生硬和苛刻，甚至有的夫妻会觉得不够温暖不够激情。然而生活中的变故实在太多，为了双方都不受伤，就必须实施婚姻责任制。婚姻责任制订立的第三个原则就是：铁面无私，公平合理。只有这样，才能够确保婚姻健康成长，才能让那些假借婚姻的名义谋求个人私利的人无处可藏。

制作你的婚姻损益表

　　损益表，是用来反映一段时期内的收入与亏损的报表。用在婚姻里，那就是反映一段时期内的婚姻增减的动态报表，可以体现夫妻二人在婚姻存续期内，为婚姻所做出的合理的经济决策或情感投入，还可以反映彼此在共同活动中的情感增减和家庭联系中的情感损益状况。根据这张报表，能够分析情感增减变化的原因，核算婚姻的经营成本，估测婚姻维续的可能性和时间长短等。

　　那么，如何制作婚姻损益表呢？

　　在婚姻期间，所有和婚姻有关的时间、金钱、情感投入都记入支出，所有和婚姻相关的关心、礼物、情感收获都记入收入。每过一段时间，都要详细记录婚姻里的各项支出和收入。最好当月核算，然后每季度、每半年进行一次整体核算，以此来确定婚姻的收支是否平衡，婚姻的进程究竟如何。

　　婚姻损益表的主要项目包括：经济核算、情感核算和关系核算。

　　婚姻损益表中的经济核算，并不意味着夫妻双方要在婚姻期间实行AA制或者算清楚经济往来项目，而是要通过经济核算，辨明双方对待婚姻的态度，以及相应的责任和承担。

在两个人共同的经济开支中，某一方的支出比例不应超过70%。如果长期超过70%，而支出比例始终在30%以下的那方亦没有失业等严重的经济危机，那么就应该考虑婚姻的单纯性，不管是你还是对方，如果把利益的获得作为婚姻持续的标准，那么这段婚姻终难走到幸福终点站。

情感核算相对复杂，基本以个人对情感的满意度作为核算标准。婚姻中，如果对方给予你的关心或者依赖让你充满幸福感，那么就可计入情感的收入项目，而你给予对方的关心和帮助则列为情感支出。

情感核算的指标就是你的心理满意度。注意，情感核算是一个软性指标，双方对于情感核算的评价可能不同，所以，在关注自己的情感核算指标时，也应适当关注对方的此项指标情况，双方的指标差异度应该在30%以下，才算是合适的。

关系核算比较简单，就是你是否受对方父母、亲友喜欢，喜欢的程度如何。如果对方的亲朋好友都非常喜欢你，那么在关系核算中，你的分值就会比较高；如果你不被对方的父母或亲友接纳，那么关系核算值就比较低就会直接影响你的婚姻幸福度。

每个人都不是生活在真空中的，不排除有人愿意抛弃一切家庭关系来将婚姻进行到底，但绝大部分婚姻还是要讲究平衡的。所以，不要小看婚姻损益表中的关系附表。当关系附表失衡时，也不必马上否定婚姻，有句老话，"只要功夫深，铁杵磨成针"，如果你相信爱珍惜爱，不妨下功夫好好磨一磨这张附表中的负值项。

第五章
携手伴侣，一起走进理财生活

"薪"好，财好，家庭才更好

要维持好婚姻，并且保证家庭的持续发展，仅仅"有情饮水饱"还是不够的，要"薪"好，财好，家庭才更好。

人的一生，始终在不断地追求美好的生活，每个人在生活中，都逃脱不了一样东西的束缚，那就是钱的束缚。对于家庭来说，钱的重要性不言而喻，不仅要满足夫妻二人的衣食住行所需，还要倾尽全力理好家财，最大限度地提高生活水平，为未来的育儿、养老做好充足的准备。那么，一个人从结婚到年老，究竟要消耗多少金钱呢？

让我们先按照中国中等城市的生活水平，来计算一下夫妻二人婚后到年老的"耗财"情况。

一套70平米左右的两居，从购买到装修，大约需要花费150万元左右。一辆中等档次的家用汽车，大约需要20万元，家用轿车的平均使用年限在15年左右，所以，从22岁大学毕业参加工作到55岁退休，大致需要购置两辆家用汽车，加上每年的养路费、保险费、维修费、汽油费，至少需要花费60万元。而抚养一个孩子，从孩子出生到大学毕业，按照普通的生活标准和教育水准，至少需要花费30万元，这还是按照国内的基本教育消费水平计算的结果，不包括送孩子出国留学，为孩子请钢琴、绘画、舞蹈、球类等各种特长辅导教师所需要的特殊教育费用。再加上 4 位老人的消费，就算按照每位老人每个月 800 元钱的基础生活消费来计算，每位老人按照目前的平均寿命 75 岁来计算，从 55 岁退休到 75 岁，20 年四位老人的基本消费是 72 万，这还不包括重大疾病的医疗费用。最后就是妻子和丈夫的日常生活消费，从 25 岁结婚到夫妻二人 75 岁时为止，就算按照每个人每个月 1500 元的基础生活消费，至少也需要 180 余万。总共加起来，一个家庭从夫妻两人 25 岁结婚到 75 岁，至少要消费 150+20+60+30+72+180=512 万元。也就是说，夫妻一生耗财最少 500 万元。然后夫妻双方平均分担，在一个中等城市，一个中等生活水平的妻子或者丈夫，至少要承担 250 万元的"一生耗财"。

试问，如果"薪"不好，"财"不佳，家庭又如何担负得起一家老小 500 万元的"一生耗财"，这还是最基础的生活耗材，要想生活富足、优越小资，要想让孩子接受更好的教育，让老人享受更舒适的生活条件，就还要承担高出很多的"耗财"。所以，要想生活无忧、家庭富足，就必须尽早做好家庭财务规划，制订家庭理财计划。

薪好≠财好，会理财才最好

薪好≠财好。高薪，并不意味着可以高枕无忧。

美国著名财商教育专家罗伯特·T·清崎在《穷爸爸富爸爸》一书中曾这样写到："高薪并不能使你致富。只是有好的工作，有好的收入，并不能代表就有财富。"为什么薪好≠财好？

究其原因，主要有以下三点：

第一点，即便挣得高薪，在存入自家"银库"之前，必定要留出一部分用作日常消费，经过这样的"脱水"，高薪必定会减少一些。

第二点，在日常消费之外，难免还会有一些任性挥霍和冲动消费，这些支出是"薪好财不好"的罪魁祸首。

第三点，通货膨胀直接导致高薪缩水。通胀不可避免，而且随着时间的叠加，呈现复数效应。也就是说，假设通货膨胀率为3%，那么，即使是1万元的月薪，在一年后的购买力，仅相当于原来的0.97，两年后，仅相当于原来的0.94，而20年后的购买力，就只有20年前的0.54。近年来，随着世界各国消费物价指数即CPI的不断攀升，人们的日常支出越来越多，生活用品越来越贵。不说疯涨的房价，就连蔬菜的涨幅，都让普通市民心惊肉跳，就连投资大师巴菲特都将通货膨胀视为公司盈利的最大敌人。

所以，薪好并不等于财好。面对无可缩减的日常支出，面对自己不良的消费习惯，面对你绝对跑不赢的 CPI，要想高枕无忧，就必须想尽办法。那么，除了谋求好职位、努力工作力求加薪之外，还有什么更好的办法可以让自己"财好"起来？

想要高薪无忧、轻松财好，方法只有一个，那就是理财。

什么是理财？通俗地讲，理财就是以管钱为中心，主要抓好攒钱、生钱、护钱这三个环节，管好现在和未来的现金流，让资产在保值的基础上实现稳步、持续的增值，让自己的口袋里，什么时候都有钱花。

从经济学角度讲，理财，就是一种为达到某种价值利益而进行的经济活动。只要你的本金，在未来能够增值或获得收益，那么你为这份增值或者收益所进行的所有活动，都可以叫作理财。

在经济学中，理财分为消费理财和投资理财两个方面。

如果你手上有 1000 元闲钱，你可以在周末带全家出去游玩，然后到酒店大吃一顿，和大家过一个愉快的周末。也可以将这 1000 元存入银行，获得利息。还可以将这 1000 元买成股票或基金，等待分红或升值。或者用这 1000 元，从古玩市场买入字画，等待增值；甚至还可以参股朋友所开的小店，分得利润。前面的第一种情况，就是花掉现有的金钱，通过消费获得享受，但如果在这个消费的过程中，你通过节省支出实现了这 1000 元的效能最大化，就是消费理财。后面几种情况属于放弃现有消费，通过投资以期获得更多的金钱。如果在投资过程中，你正确决断，实现了这 1000 元的效能最大化，就是投资理财。投资理财包括的范围很广，在金融市场上进行的各种和资产有关的活动，如存款、购买债券、股票、基金、外汇、期货等；以及在实物市场上进行的各种有形资产的买卖，如房地产、金银珠宝、邮票、古玩等；或者实业投资，如投资个人店铺、小型企业等，都属于投资理财。

理好财＝财好＝一家老小生活无忧。人的一生，从出生到幼年、少年、青年、中年，直到老年，每个时期都离不开钱。家庭的"银库"必须充实，才能应对各种生活需求。而理财的最终目标，是实现"财"好，即达到财务自由，让一家老小生活无忧，满足个人的五种基本生活需求。

首先是提高生活水平的需求。每个人都希望自己生活越过越好，从租房到自己买房，从没车到有车，从普通汽车到高级汽车，这是人们的普遍愿望，要提高生活水平，没钱不行。

其次是赡养父母的需求。赡养父母是每个人应尽的义务，在有些家庭，父母有稳定的养老金和社会医疗保险，这样的家庭财务负担相对较轻。但还有一些家庭，父母并没有稳定的收入和医疗保险，需要儿女们提供财务支持，所以只有财好，才能够满足父母的生活需求和医疗需求。

同时这也是抚养子女的需求。孩子是家庭的希望，孩子一出生，家庭支出就会相应增加。妻子在生育和哺乳期间，薪水必然会减少，而家庭支出却会因为婴儿的降生而陡增，所以，只有"财好"才能够轻松育儿。

再次是自我养老的需求。怎样安度晚年，是所有人都要面对的问题。现代的中国家庭，大都是"4-2-1"式家庭，夫妻们大都上有老下有小，压力巨大；要想自己的晚年幸福无忧，就必须在年轻时未雨绸缪；理财有道，多留一点积蓄，应对自己的养老需要。

最后就是应对意外的需求。人们常说"天有不测风云，人有旦夕祸福"，人的一生，难免会遭遇意外、疾病和事故。只有积极理财、储蓄资金、转嫁风险，才能防患于未然。抵御意外事故，最常见的理财方法就是购买意外保险，以应对突发事件。

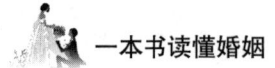

家庭理财第一步：随手记账

美国理财专家柯特·康宁汉说："如果没有养成良好的理财习惯，即使拥有博士学位，也难以摆脱贫穷。"婚姻中人不仅要薪水好，还要理财好，在钱的问题上，一定要精打细算。理财要从小做起，第一步就是要养成记账的好习惯，把账坚持不懈地记下去。

记账的目的是什么？说到记账，大家首先想到的就是了解收支，知道钱花在哪里，明白哪些是必要支出，哪些是可以节省的支出。这些都没错，但这只是记账的基本目的。家庭理财，除了了解收支外，还要更新财务观念、制订投资计划、实施家庭预算、确立理财目标。记账，正是家庭理财目标得以实现的基础，如果连日常的家庭收支都无法做到心中有数，那么家庭理财就成了无源之水、无本之木。

家庭记账，绝不能半途而废。有超过85%的人，都曾记过账，可大部分人没坚持几天就放弃了，这是因为他们缺乏良好的自我监督、固定的理财习惯和对记账目标的认真实施，三天打鱼两天晒网是家庭记账的大忌。当然，再美的东西，都会有审美疲劳，更何况记账工作本身就比较乏味。那么，如何应对记账疲劳，将记账进行到底呢？答案就是：把记账变成一种习惯，变成像吃饭睡觉一样的生活规律。

那么，如何养成记账的习惯？

在记账时做到以下三点，习惯就会成自然。

第一点，形成良好的自我监督机制，提高自我约束力，强迫自己记账。第二点，养成固定的理财习惯，从点滴做起，坚持不懈，让理财成为一种习惯。第三点，拟定明确可行的记账目标，这个目标包括收支预算、家庭储蓄计划和理财远景目标。以上三点做好了，才能因为心有所愿而对记账甘之如饴。

养成了记账的习惯，具体该采用怎样的记账方法呢？

一定要坚持科学的复式记账原则，绝不能用"大概""基本""差不多"等字眼来记录。复式记账，贵在清楚有条理，要求对支出和收入进行科学详细的记录，记录每一分钱的来源和去处，并如实记录每一笔消费采取了何种付款方式，比如刷卡消费、现金消费或借贷消费；是针对某个家庭成员的支出还是整个家庭的生活支出；是经常性支出还是偶然性支出等。

下面，介绍三种科学实用的、适用于家庭记账的复式记账法。

第一种，三个抽屉法。这里的三个抽屉，并不是指真实的抽屉，而是指按照收入、消费和储蓄三个类别进行记账。可以把每个月的家庭收入全部记入收入抽屉，然后再按照固定比例，分配到消费抽屉和储蓄抽屉中去。刚开始记账时，可能因为计划不合理、开支不固定，消费抽屉里的钱常常会提前用空，然后不得不动用储蓄抽屉里的钱。但只要提高节俭意识，就能逐渐延长消费抽屉的使用时间，减少使用储蓄抽屉的次数和钱数。这样，时间长了，储蓄抽屉就会越来越满，距离记账目标就会越来

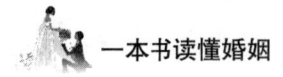

越近。

第二种，多个信封法。这里的信封，也不是真正的信封，而是一种更为细致的复式记账法，即把记账表分为多个类别，包括储蓄、投资、饮食、衣饰、出行、娱乐等。其实，也就是把"三抽屉法"中的后两个抽屉细化，拆分为多个单项，这样，就可以更为明确地计划单项费用的支出，了解单项费用是否超支。无论哪个单项费用超支，都需要从储蓄信封中借取，这样，就能让家庭中人更准确了解家庭的支出需求，控制家庭的消费额度。

第三种，五个账户法。这五个账户，分别为收入账、日常开支账、伙食专用账、投资专用账和储蓄专用账。每个账户月初记入该账户的分配金额，每天记录各个账户的消耗和变动。周末和月底进行统一的汇总核算。

家庭理财的第一步，就是养成记账的好习惯。确定一个理财目标，制订一个理财计划，规定一个时间，哪怕每天只用十分钟来记账，坚持下去，就能看到收获。通过记账，妻子可以给公公婆婆记出一台按摩椅；给老公记出一个公务包；给自己记出一件高档时装；未来还能给孩子记出一份礼物；给家里记出一次新年聚餐；给房子记出一次重新装修；甚至给婚姻记出一次周年纪念；给未来记出一条理财的通道。

要养成记账的好习惯，选择便利有趣的记账工具很重要。

记账工具一：纸制账簿。市面上有各类正规的会计账簿出售，最简单的就是蓝色封皮的会计账簿，分为借贷两项，每日汇总，这类账簿比较枯燥，看起来也比较费神，细小的表格需要用专业的会计用笔来填写。除此之外，还有许多漂亮的半专业的家庭版会计账簿，漂亮的封皮和印有各类底纹的账簿最容易吸引大家的兴趣。有了漂亮的账簿，记账就成了一种放松休闲的生活乐趣。

记账工具二：电脑报表。电脑报表目前已经被广泛采用，比如利用Excel 软件记账，不仅方便快捷，而且只要列出自己经常涉及的收入项目和支出项目，每日填写，就可利用软件自带的统计功能汇总核算，一目了然、方便快捷。

记账工具三：记账软件。网络上还有各种付费或免费的记账软件可以下载使用。记账软件功能强大，不仅可以智能同步，创立桌面记账模式，督促你每天记账；还可以满足个性化的需求，自创多个账户，自动生成各种表格和统计数据，便捷有趣。

记账工具四：在线记账。在线记账就更好玩了，网上有很多的账客论坛、记账社区，可以在线设置自己的账本，把自己的账单通过网络晒出去，还可以在论坛和社区里交流记账心得。通过使用这些具备舆论监督作用的记账平台，不仅可以提高记账的热情，还可以督促自己养成记账的习惯。

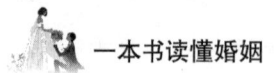

制订家庭专属理财计划

理财是关乎一生的大事，不恰当不适合的理财方式，必将增加家庭的理财负担，增加生活压力。所以，一定要结合个人知识、家庭情况和财务状况，确定专属的理财公式，才能避免陷入理财迷阵，步入理财歧途。

正确的理财方法，是家庭致富的保障。你不理财，财不理你。如果没有适合自己家庭的理财方法，就算赚了再多的钱，也只会越用越少，而不是越理越多。使用正确的理财方法是财富增长的必要手段，要想致富，"钱"途无阻，就要用心理财。

然而，在实际操作中，市面上各种理财方式令人眼花缭乱，选好理财方法不容易，选对适合自己的理财方法则更难。首先确定专属的理财公式，才能避免盲目选择，才能少走弯路。

以下四个简单的基础理财公式，是家庭确立专属理财公式的重要依据，可根据各自的需求，在这四个理财公式的基础上进行加减乘除、酌情完善，打造家庭专属理财公式，轻松理财，尽快致富。

公式一：收入 = 储蓄 + 消费。

这个简单的公式，是要告诉大家，不管你赚了多少钱，都要把收入分为两部分，其中最重要的一部分是储蓄，而另一部分就是必要的消费。坦白讲，就是要先省钱，再消费。许多人意识不到这个公式对于理财的重要性，然而在现实生活中，这个公式的重要性却随处可见。很多月光族，花钱大手大脚、无所顾忌，到了月底或偶遇失业，就陷入了困境，这个时候，如果事先有一定的储蓄，便可安然度过。所以，如果没有储蓄，再高的薪水都是"消费"的牺牲品。聪明的理财者，迟早都会认识到这个理财公式的重要性。

罗女士就职于一家国有企业。结婚初期，罗女士没有一点储蓄意识，总是等到月底钱已经花光，才发现自己和老公根本没有存一分钱用来救急。于是，她开始培养自己的储蓄意识。后来，每月工资一到账，罗女士就跑进银行，把自己和老公工资总额的40%存入固定账户，剩下的60%留作日常消费。两年后，罗女士终于存下了一笔钱，两口子筹划着贷款买车。可见，收入＝储蓄＋消费，是每个婚姻中人都应该牢记的基础理财公式之一。

公式二：保险理财＝25%储备＋35%保守＋40%风投。

所谓保险理财，并不是指通过保险的方式理财，而是指用最保险的方式理财。在这个保险理财公式里，也体现了储蓄的重要性，这里的储备就是储蓄。世事难料，谁都难免会遇到急需用钱的时候，家庭如果有一笔相当数额的储蓄，那么不论遇到什么问题，都会安心许多。把闲置资金的25%即四分之一用来储备，剩下的75%中，35%用在稳扎稳打的保守投资领域，比如人民币理财产品或货币市场基金等低风险理财上；再比如投资混合型基金、大盘蓝筹股等年收益率在 5% ～ 10% 不等的较为平稳的投资产品上，稳扎稳打赢取收益。最后的 40%，可做风险投资，投入到成长型股票和股票型基金中去，在承担大风险的同时，有可能产生较高的收益率。这样的分配方式，既保证了储备的有效性，也确保了投资的稳扎稳打和强攻硬取，符合长期理财的需要。

公式三：能担负的风险比重＝ 100 －投资人的年龄。

这个公式非常有趣，家庭中人在进行投资时，应根据自己的年龄和家庭成员的年龄，分析每个人在投资时所能担负的风险比重，从而确定每个人投资时应选择的投资方式和投资资金的分配比例。例如，在某国企担任会计的曹女士，对理财颇有研究。她鼓励全家人投资，对风险的把握也恰到好处，"能担负的风险比重＝ 100 －投资人年龄"就是她首要遵循的投资原则。曹女士目前 28 岁，依公式计算，她能承担的风险比重为 72，于是，她将闲置资产中的 72% 投入到风险较高的股票市场；剩余的 28%，她进行了保守性的投资操作，以定存和债券为主。通过这样配置投资比例，曹女士既实现了理财组合的多样化，又保证了理财收入的稳定性。

公式四：分散投资风险＝足球队阵型：4-3-2-1。

这个公式，借鉴了足球队的阵型，即四个后卫，三个后腰，两个前腰，一个前锋。按照这样的比例分配投资额，可以有效分散投资风险。张女士在大学期间主修的是金融专业，所以，她对股票基金的投资有着深入的了解。结婚以后，张女士为自己的小家量身定制了一套投资方案。为了分散风险，她将家庭投资转变为"4-3-2-1"的足球队阵型，即 40% 的资金购买股票，30% 的资金购买基金，20% 的资金购买国债，10% 的资金购买保险。这四种类型的投资，风险逐次递减，资金投入比例也随之递减，非常适合风险承受能力较强的年轻家庭。

专属理财实施注意事项：

注意事项一：要有一个科学系统的理财规划，并要严格按照计划理财。理财规划是我们通向财务目标的指南针和地图。你能想象一个没有指南针和地图的探险队能够获得最终的胜利吗？

注意事项二：理财一定要尽早开始。延误理财时机是导致理财不成功的重要原因。最佳的理财时机是开始工作的第一天，如果你还没有开始理财，那么现在就开始吧！

注意事项三：长期坚持实施理财计划。理财是一个长期的过程，在理财中要有耐心和恒心，这是理财成功的不二法门。

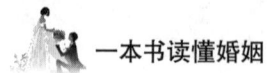

理财有方婚姻幸福

有句治家名言：夫妻一条心，黄土变成金。夫妻住在同一个屋檐下，睡在同一张床上，只有恩爱和睦，才能共造爱巢。然而，世界上没有完全相同的两片叶子，夫妻之间，也会有价值观与消费观的差异，也存在理财观念和理财方法的分歧。俗话说，夫妻一条心，黄土变成金，不管有多大差异，有什么分歧，只要夫妻恩爱同心，共学理财之道，定能"钱途无量"，家庭幸福无忧。

夫妻理财三时段，有效投资控风险。

夫妻生活数十年，通常都会经历三个时段：青年时期、中年时期和老年时期。这三个时段，家庭财务状况不同，风险承受能力也不同，因此，理财的方式方法也有所不同。

青年时期，夫妻二人年纪较轻，承担风险的能力较强。这个时段，投资理财应偏实用，风险投资比重较大。年轻夫妻理财，可将50%的节余资金用于风险投资，比如股票或股票基金，以期获取较高的投资收益。此外，每月还可进行定期存款或基金定投，为即将面临的子女教育做好储蓄准备。

中年时期，随着孩子的成长，家庭支出不断上升。这个时段，家庭理财以稳健为主，相较青年时期，要逐步减少风险投资，增加保险投资，并且要尽早启动退休养老计划和子女教育金的筹备计划。

到老年时期，夫妻收入逐渐减少，风险承担能力逐渐减弱。这个时期，理财的重点是财产的保值，生活的重点是健康的维护，所以，这个时期，保值投资、控制风险，是理财的基本标准。

夫妻理财五步走，婚姻幸福爱长久。

由于教育背景和家庭环境各不相同，夫妻二人在价值观和消费观上常常存在一定的差异；在理财投资上也会出现一定的分歧，这些差异和分歧，是很正常的。要想共创美好生活，恩爱到老，就要认真交流、及时沟通，共同学习理财知识，探讨理财策略。夫妻理财，有法可依。

第一步，建立家庭基金。

只要建立家庭，就会有日常支出。为了培养理财意识，共担家庭责任，夫妻双方应申办一个公共的存款账号，每月都应将个人收入的一定比例存入这个公共的存款账号，用以支付房租、水电、煤气、保险、食品、杂货等日常开销。家庭基金的存入比例最好按 AB 制核算，多赚者多存，少赚者少存。在日常生活中，夫妻两人对这个共同账户的维护力度也可反映出婚姻关系的稳定性。

第二步，共同监控支出。

在两个人组建家庭后，通常会有一人担任家中的财务主管，或许是因为这个人有更多的空闲时间，也或许是因为这个人有更大的意愿承担。但这并不意味着，另一个人对家庭的财务状况一无所知。夫妻理财，要共同监督，共担风险。在家庭生活中，不管谁是财务主管，都需要两个人共同监控家庭支出。比如，可由一人管理财务，另一人核对账目。这样，夫妻二人共同监控，家庭财务公开明晰，经济地位平等，互利，夫妻感情恩爱长久。

第三步，保持相对独立。

21世纪的夫妻，大多崇尚自由独立，夫妻应建立各自的私人账户，由个人独立支配。这样一来，夫妻双方都可以拥有一定的财务自由，去做自己想做的事情。老公可以每个周末去打高尔夫球，妻子可以每个周末去瑜伽馆放松。每个人在花自己的钱时，都不会有仰人鼻息或受人牵制的感觉。当然，夫妻双方一定要如实告知对方自己的财务状况，相互坦诚，并将配偶指定为自己个人账户的共同所有人。这样的话，如果配偶一方突然生病或发生意外，另一方就能合法拥有这些账户上的财产。

第四步，投资人寿保险。

投资保险，不仅可以确保意外发生时能获得一定数额的保险赔偿，还可以保证保险到期时，在拿回本金的同时，获得一定数额的利息。夫妻双方都应投资人寿保险，并指定对方为自己的保险受益人。万一其中一方发生不幸，另一方起码可以得到基本的生活保障。

第五步，建立退休基金。

一定要有共同的退休计划，确保两人在年迈时还能衣食无忧，及早建立夫妻退休账户，共同积累退休基金，以便白头到老时，无须为钱发愁。

家用分配，是影响夫妻恩爱、和睦理财的因素之一。家用分配有六种模式，各有优劣，适合不同的家庭。家用分配模式中，总有一种适合你。

第一种最常见，一人全权支配模式。薪水交由一个人（妻或夫），由她（他）全权支配所有家用。这种方式，适合互信基础好的夫妻。

第二种：高薪者提供大部分家用模式。高薪者提供大部分的固定家用，不够的部分由低薪者贴补，这种方式比较适合日常开销较为稳定的家庭。

第三种：高薪者负责所有家用模式。这种模式适用于收入相差很悬殊的家庭。

第四种：设立公共家用账户模式。这种模式适用于双方收入相差不大的家庭。

第五种：各自负担特定家用模式。夫妻各自负责特定的家庭开销，譬如先生负责房贷，媳妇负责一般家用。这种模式适用于夫妻收入相近，且各自负责的开销相差不大的家庭，如一方支出金额浮动较大，而另一方负担金额持续下降，则容易产生矛盾。

第六种：各自负责不同的理财目标模式。一方负责短中期理财目标的实现，另一方负责长期理财目标的实现。这种方式适用于双方收入都较高，除去家庭日常支出，还有不少结余的家庭。

陪同双方父母一起设立理财目标

老年投资者由于年龄、心理、技能等多种原因，理财的目标、手段都和年轻人不同。因此，老年人理财，首先要明确目标。与冲劲十足的年轻人相比，老年人理财不应以积累庞大的财富为目标，而应以平稳享受晚年生活为目的。因此，夫妻应根据双方父母的实际想法和真实意愿，来协助他们设立理财目标。对于父母来说，安定和幸福比什么都重要，理财只是使生活更加宽裕的一条途径。所以，陪同父母一起设立理财目标，一定要以父母的意愿为主。

如何帮助父母设立理财目标？

在帮助父母设立理财目标时，应从以下几点出发：

第一，帮助父母整理所有投资品种。

为了分散投资，老年投资者在各类资产配置上往往采取分散购买原则，如投资基金和股票，往往购买多支股票或基金，以至于他们对自己配置的股票资产情况并不能一目了然。所以，当老年人有充裕的时间来重新审视资产的配置情况时常常会显得茫然不知所措。所以子女应该定期帮助父母整理投资品种，以便于父母可以轻松掌握自己投资于股票、债券和现金等各类金融资产的比例情况，做到投资有数，心中不慌。

第二，帮助父母确立资产配置目标。

不同的投资者，由于投资期限、财富多少和风险承受能力不同，资产配置目标也会千差万别。老年人在追求资产的保值增值时，很容易因为初次投资或投资不当，发现自己的投资组合不太符合自己稳健理财的目标。这就需要子女们积极帮助父母重新确立资产配置目标，对原有的投资组合进行调整。

由于年龄的增长，精力远不如从前的老年人需要有个平缓休闲的心态来安度晚年。那些高风险、高收益的投资产品，显然不符合老年人的选择。老年人投资的金融产品，应以稳健为主。

在帮助父母建立投资组合时，可以考虑采纳"三四三"投资组合：即30%投资股票基金、40%投资储蓄国债、30%用于应急储蓄。还有一种"一百减年龄"的原则也可以作为老年人投资理财的指导，就是说用 (100–年龄)×100% 作为风险投资的最大比例。

第三，把父母的理财目标纳入家庭理财计划。

帮助父母设立理财目标，不仅要让父母认识到理财的重要性，还要让父母意识到，他们的理财目标也是家庭整体理财目标中的一部分，让他们参与到家庭的整体理财计划中。这样，父母才会更有责任感和幸福感，他们不仅会因为子女的认同而感到家庭的温暖，也会因为了解了家庭的整体理财目标和理财计划而感受到自己的重要性，自觉自愿地投入到家庭的整体理财建设中去。

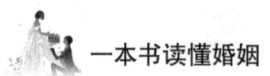

建造家庭财务的"诺亚方舟"

在这个瞬息万变的经济社会，努力工作争高薪、学会理财掌握财富，并不足以保证家庭的财务状况坚不可破。赚大钱、钱生钱，也并不一定能让你的小家庭抵挡经济危机。钱是赚不完的，财也是理不完的，最重要的不是赚了多少钱、理了多少财，而是建造家庭财务的"诺亚方舟"，为家庭财务做了未雨绸缪的规划。只有有了家庭财务的"诺亚方舟"，才能确保未来的生活更稳固，经济更稳健。

为什么要打造家庭财务"诺亚方舟"？

人的一生，离不开钱，吃饭要花钱，住房要花钱，坐车要花钱，生病要花钱，生育和养育下一代要花钱，照顾父母要花钱，自己将来养老也要花钱。对已婚人士来说，钱是维持家庭稳步向前的基础条件。然而，天有不测风云，人有旦夕祸福，突如其来的疾病、不期而遇的失业、计划外的怀孕、投资上的失败等，都可能让一个家庭陷入财务困境。要想保证在人生的道路上"钱"程无忧，保证每个家庭成员财务自由，就一定要打造家庭财务的"诺亚方舟"。

如何建造家庭财务的诺亚方舟？

　　首先，每个已婚人士都应该先建造个人财务的"诺亚方舟"，提高自己赚钱理财的能力，努力工作、争取加薪，积极理财、认真投资；然后再建造家庭财务的"诺亚方舟"，与伴侣和睦相处、同心协力，共学理财，共同投资。中国有句老话，家和万事兴。要想建造家庭财务的"诺亚方舟"，夫妻双方必须在"钱"的问题上达成一致，和和气气商量，高高兴兴投资，把劲儿使到一处，才能在建造家庭财务的"诺亚方舟"时事半功倍。

　　具体来说，建造家庭财务的"诺亚方舟"，我们可以从以下四点入手：

　　1. 分设理财账户和投资账户。即将家庭每月的收入分为两个部分，一部分用来支付家庭的日常开销，另一部分储存起来，进行储蓄或投资。理财专家建议，最好缩短定期储蓄的存期，保证资金的相对流动性，这样，当利率升高时可以转存，当遇到稳健投资项目或收益率较高的短期投资产品时也可投资。

　　2. 制定资产配置方案。如果自己和伴侣都是理财新手，没有足够的知识、时间和精力来制定资产配置方案，可以请专业理财人士帮助制定适合自己家庭的资产配置方案。理财，并不是简单地把资产划分为储蓄和投资两部分。投资，也不是简单地把部分储蓄资产转移到投资性产品上。所以，已婚人士一定要制定好资产配置方案，做到配置平衡化、风险最低化、收益均衡化。当今社会，经济局势瞬息万变，在制定资产配置方案时，已婚人士一定要提高保险投资的比率，给自己和家人投入寿保险、残障保险、健康保险等项目，以确保在未来可能发生的生活变动中，自己和家庭都有所保障。

　　3. 制定家庭理财规划。已婚人士要根据个人及家庭的消费预期进行定位，明确未来财务支出目标。比如，夫妻二人在未来可能要支付专业进修费用、孩子抚养费用、子女教育费用、父母赡养费用、旅游费用等，要根据这些预期进行合理的规划。为了实现特定的预期目标，必须制定完善的家庭理财规划，比如为了准备子女教育资金，已婚人士可以选择既能保证收益稳定，又具有一定流动性的投资工具，如基金定投、定息债券等，以确保在规划的时间内，筹备好子女教育资金。

4.定期盘点家庭资产负债状况、家庭每月收支情况、家庭理财实施状况、家庭目标实现情况。建造稳固的家庭财务"诺亚方舟"，并不是一蹴而就的事情，而是一个持久漫长的过程。作为已婚人士，必须随时监督家庭成员的消费支出，监控家庭理财规划的实施，通过记账等方式控制生活支出，减少生活消费，开源节流，投资理财，以确保建成家庭财务的"诺亚方舟"，确保全家幸福一生、"钱"途无忧。

目前，消费水平不断提升，通货膨胀居高不下。在大城市，一场感冒差不多就要花几百元乃至上千元；住一次医院，就要花几千元甚至上万元。至于养育孩子、抚养老人，那就更需要大笔的资金了。

那么在当今中国，一个家庭要养一个孩子，到底需要多少钱呢？据调查显示：在上海，一个孩子从出生到18岁，至少需要花费父母49万元，这还不包括意外的大病灾祸或特殊的教育支出；在南京，这项费用是42万元；在苏州，是32万元；在杭州，是50万元。面对如此巨大的财务压力，如果家庭财务没有一只坚挺的"诺亚方舟"，一家人的衣食住行、子女的教育婚嫁、父母的年迈多病、夫妻的生老病死又该如何应对？所以，打造家庭财务的"诺亚方舟"，是婚姻中人不可推卸的重大责任。

第六章
生育下一代，家庭合作大考验

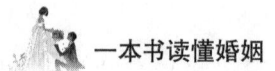

怀孕后可能出现的家庭矛盾

婚姻里最幸福的事情，莫过于孕育生命。可在迎接新生命到来的过程中，夫妻间却会因为一些生理和心理上的变化，产生微妙或明显的矛盾，严重的还会搅得婚姻不得安宁，分崩离析。所以，在妻子怀孕的过程中，在爱情结晶一天天茁壮成长的同时，准爸爸们应该多注意准妈妈的动向，及时化解矛盾，安慰孕妇的心，千万别让怀孕搅乱了爱情和婚姻。

准妈妈常常会喜怒无常，一系列的孕期反应，比如呕吐、倦怠、失眠等生理反应会引发准妈妈的情绪变化，再加上中国传统习惯中对准妈妈的娇宠，准妈妈们就会不自知地放纵自己的情绪，变得喜怒无常。准爸爸们因此就成了受气包、包身工，从而影响家庭和谐。

而"非专业"的准爸爸，很少能够自如应对准妈妈的喜怒无常。第一次做爸爸的，真不知道如何照顾胃口刁钻的老婆，如何扎上围裙做老婆爱吃的饭菜，如何收拾乱糟糟的家。"非专业"的准爸爸如果再缺乏点责任心，那么就会变成逃避孕期责任的"坏老公"了。

很多年轻夫妻以及他们的父母都有这样的观点：如果两个人的感情出了问题，那就赶紧生个孩子，有了孩子，两个人就不会再闹腾了。事实上，这个观点是错误的。如果"准爸准妈"的婚姻正亮红灯，那么孕期的忙碌和不适会让夫妻矛盾更加严重，甚至激化。

倘若家庭生活条件再差点，准妈妈吃不好睡不好，准爸爸工作过于劳累，双方无法掌控各自的情绪波动，争执也就难以避免，准爸爸的身心走私也就成了准妈妈最担心的问题。

那么怀孕的妻子，该如何拴住老公的心呢？

首先，准妈妈要学习孕育知识，预防产前产后抑郁。其次，要拉准爸爸一起体验孕育的艰难和快乐。

怀孕初期，由于体质的突变，很多准妈妈容易出现易怒、情绪不稳、坐立难安等情况，如果不加以有效地预防和调节，就有可能发展成多疑、思路不连贯、情感表达不确切等症状，甚至出现妄想和幻觉。如果不加以控制和治疗，就容易给家庭带来矛盾。再加上准爸爸们大都对孕妇缺乏理解和耐心，彼此情感很容易因此而冷淡，甚至有些准爸爸会因此精神出走。

同时，因为妻子怀孕，丈夫也会出现产前抑郁的症状，这是很容易被妻子和家人忽视的一个问题。丈夫的生理需求得不到满足，心理受到压抑，在妻子被重度呵护的同时，自己被严重忽视，所以才会心生旁骛。

建议准妈妈适当补充有益精神健康的维生素类药物，适当补充叶酸，调节体内平衡，若出现严重情绪障碍，可采用适当的支持性心理治疗。如果可以，最好拉老公一起去治疗心理问题，或者一起去体验做孕妇的艰难，只有这样，才能够同心协力，共度孕期，共创夫妻和谐，喜迎新生命的到来。

最后，提醒准妈妈时刻注意自我调理。当准妈妈发现自己容易情绪激动，家人又不理解时，要适当地自我控制，学会自我调理。首先要放宽心，告诉自己别的准妈妈也会出现这种现象，自己这样是正常的，不必太过焦虑。多看一些令人愉快的书和喜剧电影，拉准爸爸一起为宝宝起名、添置衣服、规划未来，多找点儿愉快的事情和准爸爸一起做，增进夫妻感情。

有孩子的婚姻才健康

一天，很久没联系的女性朋友Ａ打来电话，倾诉了她的故事。

也许是自幼丧母的缘故，Ａ特别渴望家庭的完整。当初Ａ在珠海，老公去厦门发展，虽然Ａ已经成为了公司的中层骨干，可她仍然放弃了优越的工作条件，到厦门去和老公团圆，帮他打理公司业务。然而到厦门后，她却发现，她的婚姻热度竟然还不如她在珠海每月一聚的婚姻。

老公为了创业，结交了很多朋友，这些朋友都是他在酒桌上一一搞定的。往往Ａ睡眼惺忪，丈夫却带着一身酒气刚刚睡下。丈夫似乎已经习惯这样的生活，而Ａ却在默默期盼着自己成为一个母亲，期待一家三口其乐融融的家庭场景，那是Ａ儿时的梦想。也许换作任何一对夫妻，这都是一个再平常不过的愿景，可Ａ的老公却让它变得遥不可及。

夜生活成了老公每日的主打内容，Ａ心生倦意，开导的话说得Ａ嘴都麻了，但丈夫每次都有"身不由己"的说辞，Ａ也渐渐疲于应对。

Ａ在厦门五年，头两年怀孕两次。第一次是因为丈夫正在创业初期，为了帮助他打理业务，Ａ四处奔波，结果不小心把孩子跑"掉"了，自然流产。而第二次，竟然是因为丈夫在醉酒之后，跟Ａ吵架，气得Ａ拖着箱子要走，结果下楼的时候不小心摔了一跤，孩子又一次"掉"了。A错失了两次做母亲的机会，无比难过，然而老公却不以为然。他看着自己的事业渐渐有了起色，心满意足，对A说，我们都还年轻，以后生活条件也会越来越好，到时候再要孩子也不迟。

然而，后来的三年里，A竟然怀不上孩子了。随着丈夫越来越胖，身体越来越差，而A在两次流产后，也落下了一些毛病，所以一直到去年，A都没能再次怀孕。

然而，随着丈夫的事业越做越好，身边的女人也越来越多，女秘书、女下属、女客户，貌似都在窥视A的老公。

就连A的婆婆都打电话给A的老公说，"你们咋还不要孩子呢，好不容易创下事业来，得有个继承人啊！"A心里比谁都焦灼，老公烟酒不戒，毫无规律的生活方式能孕育出健康的孩子吗？

如今，因为孩子的问题，A和老公逐渐有了隔阂，丈夫不听从A的意见锻炼身体，还老是抱怨A身体不好，而婆婆也为这件事专门跑来厦门两趟。

现在，A的丈夫宁可和一帮朋友胡吃海喝、彻夜不归，也不愿听从A的劝告，锻炼身体强健体格。

三个月前，A终于再次怀上孩子，虽然心存不安，可A还是以百倍的爱呵护这个小生命，她给自己不断打气，"没事的，至少我是做好准备了。"然而，就在上个月，查出来孩子染色体不正常，医生建议A引产！

现在A刚刚引产完，回到了娘家休养。现在她恨死老公了，她曾经那么苦苦哀求，如果他能够有一丁点的责任心，孩子就不至于出问题。现在孩子没了，A和丈夫的情分也被这个孩子带走了。

作为女人，谁不希望有个健康的孩子？哪个女人不想做妈妈？李敖曾经说过，女人对婚姻的看法只有一种；而男人对婚姻的看法却有一千零一种。对女人来说，家庭就是人生最温暖的港湾，这个港湾里，如果没有孩子就会少了很多乐趣，少了很多温馨。而对于男人来说，女人并不能完全影响他的责任感"。然而孩子，却能够让男人迅速从男孩变成负责的男人。

婚姻就像桌子，至少要有三条腿，这三条腿就是老公、老婆和孩子，所以，有孩子的婚姻才健康。

也许，有的男人在妻子怀孕前，说他不在乎有没有孩子；也许，有的男人在妻子怀孕后，对妻子还是没那么紧张。但在孩子出生后，作为父亲，男人一定会爱这个孩子，因为这是他的血脉的延续。

所以，幸福的婚姻，一定要有一个孩子。

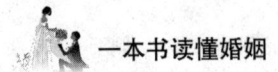

做"孩奴"不可怕

如今的父母们创造了一个新词语，叫作"孩奴"。所谓"孩奴"，就是指那些结婚生子后，为了孩子而改变生活重心，一切为孩子打拼、一切为孩子忙碌、一切为孩子省钱的年轻父母。对于60后与70后来说，做父母似乎天经地义理所应当，为孩子付出也是人生最重要的责任，"孩奴"并不会引起他们的恐慌，相反，他们任劳任怨。然而现在"90后"的小夫妻们，他们与前辈们不同，不想成为"孩奴"，不想失去自我。做了"孩妈""孩爸"，不能再出去疯玩，不敢再大手大脚，不方便再几天几夜加班不回家，甚至不可以轻易换工作……"孩奴"引起了他们强烈的恐慌。

初级孩奴：每天与尿不湿、奶粉打交道，为小儿夜啼、半夜喂奶等生活琐事操心。花销也不少，孕期花费、孩子开销占据了生活费的大部分。准妈妈从孕期，就要在孕检、孕期保健、心理调适、营养搭配、胎教、幼教等方面中不停打转。

中级孩奴：整天为孩子尿裤子、半夜醒来就不睡的事而手忙脚乱。早上醒来还没睁眼就开始思考孩子是不是该吃奶该喝水了，该在牛奶里添加营养液了，有时候看见孩子都觉得头疼。很多中级孩奴都有轻微"孩奴"

恐惧症。

高级孩奴则无时无刻都围着孩子转，担心这担心那，一会儿看不见孩子就不放心。保姆拐走孩子的新闻，孩子掉进水缸的传说，都会令高级孩奴提心吊胆。与此同时，由于丧失了原有的兴趣爱好，生活落空了一大截，开始为失去的轻松自由而感到悲哀，时常幻想回到没有孩子的生活，高级孩奴不少都有严重的"孩奴"恐惧症。

其实，天下的父母都是一样的，自己遇到的有关孩子的问题，别的父母也都有。所有的问题都是正常的，应坦然面对。孩子的降生是件天大的喜事，全家人都应该做好经济准备和心理准备。双方父母都应该大力支持，毕竟小夫妻们在经济收入、持家理财和照顾幼儿方面，都比较欠缺。

同时，新爸爸和新妈妈应该多参加一些有益身心健康的聚会和活动，多向同龄的年轻父母取经，学习减轻生活压力的方法，不断增强抵御"孩奴"恐惧的能力。

总之，做孩奴不可怕，只要勇敢面对，等待你的会是一个健康快乐的宝贝，是你们爱情的结晶，是你们生命的延续。

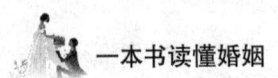

好家长"睁只眼闭只眼"教育孩子

很多人都说，教育孩子要认真。这"认真"二字没错，但真正面对孩子时，好家长也要学会"睁只眼闭只眼"。

为什么要睁只眼呢？

对于孩子的衣食住行，吃穿用度，要认真，因为孩子很娇嫩，吃不好就长不高，穿不暖就会生病。很多日常生活，要靠爸爸妈妈去照顾。

那么对于孩子看似"坏毛病"的生活细节，就要闭只眼了。比如该睡觉的时候，孩子不肯去睡觉，还要玩耍，就不要强制孩子马上去睡觉。孩子不是机器，如果玩在兴头上，你强迫他（她）去睡觉，不管是两岁的幼儿，还是八岁的孩子，他（她）都睡不着。这个时候，就要闭只眼，容忍孩子一会儿。如果孩子玩劲始终旺盛，那么就要想办法去诱导孩子转移注意力，分散他（她）的精力，逐渐减弱他（她）的玩劲，而不是生硬地夺走他（她）的玩具，强迫他（她）去睡觉。

再比如，孩子刚开始学说话的时候，很多字音发不清楚，这个时候，很多家长喜欢一遍又一遍地纠正孩子的发音，一遍又一遍地要求孩子重复同一个词。其实，这个时候家长不必太较真，闭只眼就好了。毕竟孩子的发音系统还没有发育完全，孩子也没有能力说太多的词语，说不准确也是正常的。这个时候应该注意的，不是纠正孩子每一个字的发音，而是培养孩子说话的兴趣。如果一味睁大眼睛，强调"认真"，一遍遍要求孩子说同一个词，孩子往往会对说话产生抵触情绪，这样对孩子以后学说话有害无益。

其实，孩子再小，也有自己的思想和自己的感觉，家长要及时关注孩子的思想和感觉。但这种关注，不是要指导、纠正，而是要引导，如果不能引导，就闭只眼任由孩子自由成长。因为只有在自由成长的过程中，孩子的天性、禀赋，才能充分地发挥出来，也才不会因为家长盲目地指导而出现揠苗助长的现象。

当然，在一些原则性问题上，好家长必须睁开双眼，不能闭只眼。

比如孩子撒谎，如果这个谎不过是想象力过于充分的表现，无伤大雅，家长可以闭只眼。比如孩子说天上有个月饼，而不是月亮，那就算不得撒谎。然而孩子如果故意欺骗家长，那么好家长就要认真严肃地告诉孩子："不许撒谎"。这时态度一定要明确，因为很多时候，孩子最初的撒谎不过是在试探，如果家长被欺骗，他的目的得逞，或者家长不揭穿，甚至逗乐地说孩子有心眼，那么孩子就会逐渐养成撒谎的习惯。

教育孩子是项复杂而系统的家庭工程，对于好家长来说，这项工程要认真做，不能睁只眼闭只眼，但对孩子的一些表现，要学会适当地睁只眼闭只眼，既给孩子充分的自由生长的空间，又给孩子正面的明确的引导。这样的家长，才算得上好家长。

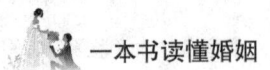

理财从娃娃抓起

在中国，金钱自古就被称为具有铜臭味的"孔方兄"。所以，精打细算的事，很多家长都认为没有必要让孩子知道。但国外亿万富翁们的想法却正好与中国父母的想法相反。美国石油大王洛克菲勒要求自己的孩子从小就接受节约教育和劳动教育，以培养他们"财富是劳动所得"的财富观；美国钢铁大王卡内基则经常对自己的孩子说："你们应该牢记最能打动商人的心的，不仅是价格，还有情感"，所以他的孩子从小就知道赚钱的秘诀在于以情动人；美国 IBM 的前董事长沃森，为了培养孩子良好的理财习惯，从儿子读初中时，就要求他每周都做好零花钱支出计划。这些，就是亿万富翁的理财教育。理财，只有从娃娃抓起，才能养成他们一生良好的理财习惯。所以，中国的父母也要教孩子学理财，教育孩子们从小快乐花钱，长大轻松赚钱。这是作为家长不可推卸的责任。

美国前联邦储备委员会主席格林斯潘说："在早期，教会孩子个人理财方向的基本知识是非常重要的，要改善中小学的财经教育，帮助年轻人不至于作出错误的财务决定。"

钱是什么？这对每个成年人来说，都不是问题。然而，对于孩子们来说，却是个足以让他们想破小脑袋的大问题。钱到底是什么？是零食？是玩具？是画册？还是那一张张花花绿绿的纸片？当婚姻中人有一天为人父母，又应当如何向孩子讲述"钱"的意义呢？教孩子学理财，先要让孩子学会识钱、用钱，认识到金钱的重要性，只有让孩子懂得了"钱"的意义，父母才能真正教孩子学会理财。

如何让孩子明白，"钱"是什么？

在孩子心中，钱是一个非常模糊的概念，不能吃，不能玩。家长要想让孩子明白"钱"是什么，就要让他们明白，钱能换来好玩的玩具、美丽的衣裳。教孩子理解"钱"的意义，首先要让孩子认识"金钱"本身。

首先，教孩子认识人民币。

教孩子认识"钱"，可以从看得见、摸得着的人民币开始。父母可以先教孩子们辨认纸币上面的图案和数字，以此来培养孩子的学习兴趣。这不仅可以让孩子们了解祖国的山川有多么秀美，还可以让他们对"钱"有所认识。

比如，教会孩子认识一角钱、一元钱、两元钱、五元钱、十元钱、五十元钱、一百元钱上的数字，然后，教孩子认识纸币上的图案。拿十元钱举例，十元钱的背面是黄河，在告诉孩子黄河是中华民族的母亲河，是中华文明的发祥地之后，不妨教孩子背诵"黄河之水天上来，奔流到海不复还"的千古绝句。再比如一百元面值的人民币，正面有个老爷爷，告诉孩子："这个老爷爷，是领导中国人民翻身做主人的伟大领袖毛主席。"孩子不仅会对这个老爷爷产生兴趣，也会对中国历史产生兴趣。

其次，教孩子认识银行卡。

教孩子认识了人民币，还要教他们认识银行卡。如今，现金在流通领域的使用率正在逐渐降低，信用卡在中国的使用频率越来越高，教孩子认

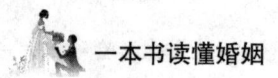

识银行卡，是做妈妈的义不容辞的责任。

现在，许多银行都推出了特色的生肖储蓄卡，正面是卡通动物图案，特别适合给孩子办理。可以带孩子去银行，让孩子亲自挑选这种特色银行卡，这不仅可以充分吸引孩子的注意力，还可以让孩子对什么是银行，什么是银行卡有一个初步的认知。孩子的好奇心很强，模仿能力也很强，只要教他们在自动柜员机上使用一次，他们就会喜欢上银行卡，主动尝试使用银行卡。

如何教孩子学会使用钱？

在教孩子认识钱之后，就要教孩子们学会正确使用钱。这是理财教育的重要的一环。孩子们常常会感到困惑，为什么爸爸妈妈总要求自己和"钱"较劲？要想让孩子们知道这个问题的答案，只要带他们进行几次购买实践，他们就会逐渐明白"钱"的意义了。

实践一：跳蚤市场小游戏。

在游戏中，可以先准备一些要卖的物品，例如娃娃、玩具、铅笔。然后准备一些零钱（也可以用代表"钱"的卡片）给孩子。接着，父母可以来扮演老板，让孩子扮演顾客，请他（她）来买东西。最初，孩子对商品的贵贱并没有具体的概念，父母可以把所有的东西都设为统一的价格，例如全部定价1角或1元。在孩子对商品的价格有所了解之后，父母还可以给不同的物品制定不同的价格。

通过这个买卖游戏，可以帮助孩子建立"买东西要使用钱"的生活常识，让孩子知道，钱用完了，就不能再买东西了。同时，也能帮助他们建立起简单的物品价值观念。

实践二：带着孩子买东西。

　　孩子最具好奇心。所以，很多孩子都喜欢和父母一起出门买东西。建议多带孩子去超市，因为超市的所有物品都有明确的标价。父母可以拿起一件物品，告诉孩子标签上数字的意义。付账的时候，建议妈妈清楚地告诉孩子，这些东西多少钱，然后把钱交给孩子，让孩子去付账，如果需要找零，也要清楚地告诉孩子。这样，不仅可以让孩子学会使用钱，还可以培养孩子的责任心。除此之外，在小额消费时，还可以让孩子自己拿钱去购买商品，学会自己买冰棍、巧克力，给家里买盐、买酱油等。同时，在购买玩具、文具、衣服等儿童用品时，让孩子全程参与，这样，孩子就会逐渐熟悉购买过程，学会正确使用钱。

　　实践三：教会孩子分享"钱"。

　　教孩子学会使用"钱"，不仅仅要让孩子学会用"钱"，还要让孩子学会分享"钱"。父母一定要让孩子学会把钱拿出来和家人分享，一定要让孩子体会到分享带来的快乐，才能避免孩子变成一个"小财迷"。比如，当爸爸妈妈给长辈，诸如孩子的爷爷、奶奶、外公、外婆等购买节日礼物或生日礼物时，就可以带上孩子，告诉他（她）这份礼物会让长辈们很高兴，并且让孩子亲手送给他们，让孩子感受爷爷奶奶对他（她）的赞美与夸奖。这样，孩子在享受褒奖的同时，也能体味到分享金钱的乐趣。

　　对孩子进行理财启蒙教育，在向孩子普及金钱观和价值观的时候，爸爸妈妈千万要牢记，钱不是情感替代品，也不是亲子时间的替代品。很多"80后""90后"的爸爸妈妈，在做了房奴、车奴之后，每天为生计奔波，为了给孩子营造一个安稳、舒适的家，辛勤忙碌，最后，常常忙来了金钱却忙丢了亲情。很多爸爸妈妈在没有时间去照顾孩子，没有精力和孩子沟通时，都会拿出安抚孩子的"撒手锏"：钱。

要当心孩子把金钱唯一化。当金钱被父母当成情感替代品，随意塞给孩子后。在孩子眼里，金钱就变成了父母唯一的温暖，孩子们再也感受不到父母的亲情和关爱，在他们心里，"钱"就变成了唯一重要的东西，唯一有价值的东西。

所以，父母千万不可拿钱应付孩子，把钱当成情感替代品，要让孩子真正理解"钱"的意义，树立正确的金钱观和价值观。如果你不想自己的孩子将来也拿钱当万能替代品糊弄你，那么，从这一刻起，请身体力行，拒绝用钱做情感替代品。

实践四：帮孩子树立正确的金钱观。

未成年人，如果不能正确地对待和使用金钱，就可能形成错误的金钱观和价值观。

作为家长，有责任帮助孩子树立正确的金钱观。只有帮孩子从小树立正确的金钱观，长大后，他们才能够以一颗平常心对待金钱、处理金钱；只有从小接受了正确的金钱观教育，成人后，才能够在正确的财富轨道上不偏不倚奔"钱"程。

如何帮助孩子树立正确的金钱观？

中国有句老话，"再穷不能穷孩子"。父母心疼儿女，都想给孩子提供最好的生活条件，最优越的成长环境，这当然没错。但随着物质生活水平的提高，越来越多的家长发现，"富"孩子也是不正确的。不管生活穷富，帮助孩子树立正确的金钱观才是最重要的。

首先，要让孩子明白，金钱只是生活的必需品，而不是人生的最终追求。

金钱是安身立命的基础条件，是幸福生活的必要条件，但拥有金钱并不等于拥有成功，也不等于拥有幸福。世界上有很多物质富裕而精神空虚的富人，他们整天追逐"孔方兄"，为金钱的得失忧心忡忡，没有心情和时间去享受幸福。世界上也有很多物质简单而精神富有的穷人，他们没有太多的钱财，却拥有亲情、拥有悠闲、拥有快乐和时间。做父母的一定要让孩子明白，金钱是生活的必需品，却不是生活的唯一目标；金钱是我们必须的追求，却不是人生的最终追求。

要让孩子明白这些道理，最好的办法就是给孩子讲与金钱有关的故事。比如中国神话故事里的马良，他拥有可以画金成真的神笔，却没有刻意追求钱财，每天过着开心快乐的幸福生活；而贪心的财主一心想得到金山，囚禁马良给他画画，最后却落了个悲惨的下场。

其次，要在日常生活中，指导孩子学会理性消费，有效使用金钱。

现在，很多家庭都只有一个孩子，不是 2+1 家庭，就是 4+2+1 家庭。父母或者爷爷奶奶、姥爷姥姥都会给孩子零花钱，孩子可支配的金钱一多，就容易乱花钱。很多孩子如果自己去逛街，只要手上有钱，常常是看见什么就买什么，既不知道根据需求来购买，也不知道购买前要货比三家。遇到这样的情况，家长们一定要严格控制、认真监督，指导孩子学会理性消费，让孩子学会有效使用金钱。

可以多带孩子去购物，让孩子从爸爸妈妈的购物过程中体会理性消费的重要性，学会如何有效地使用金钱。比如，妈妈可以带孩子去购买儿童书包，在购买时，先带孩子到商品整体价位较高的商场，让孩子自己选择喜欢的书包。然后，在孩子选定某个书包后，请孩子记住商品的价格，告诉孩子别的商场有更好的书包。随后，带孩子到商品整体价位较低的商场，帮助孩子寻找类似书包，并且帮助孩子对比这个书包和前一个商场里同类书包的质量和价格，最终让孩子了解到有效使用金钱的必要性和重要性。

再次，在现实生活中，要时刻注意帮助孩子抵御不良的金钱观，树立正确的金钱观。

孩子金钱观的形成不仅仅源于家庭，还源于学校的教育。学校也是个小社会，来自不同家庭的孩子有不同的消费习惯和消费方式。年幼的孩子，很容易受别的孩子的影响，形成不良的金钱观。父母一定要时刻注意，帮助孩子抵御不良的金钱观。

当孩子身边出现铺张浪费、喜欢消费的朋友时，父母一定要多加关注，及时教育，杜绝外界因素对孩子的不良影响。当孩子羡慕其他孩子的名牌书包和名牌童装时，父母应及时告诉孩子，只要你努力学习、将来努力工作，以后也能挣到钱，买名牌穿时装。

最后，帮助孩子树立正确的金钱观，还要让孩子明白，钱是挣出来的，财富是可以"理"出来的。

其实，孩子有欲望，想要吃零食、穿名牌，并没有错，谁不想过更好的生活？帮助孩子树立正确的金钱观，并不是要求孩子们省吃俭用，而是要求孩子们面对物质的诱惑保持良好的心态。父母一定要让孩子们明白，最贵的并不见得是最好的，适合自己的才是最好的。生活的幸福不在于你是否拥有名牌书包和服装，而在于你是不是有一个温暖的和睦的家庭，你是否可以通过自己的努力向更美好的生活迈进。

要让孩子明白：金钱是可以挣出来的，也是可以理出来的。送孩子一个小小的小猪存钱罐，给孩子一些可以自由支配的零花钱，告诉孩子要实现自己的梦想就要从往小猪存钱罐存钱开始，一点一滴学习理财。爸爸妈妈还可以帮助孩子订立一份长久的理财计划，包括短期理财目标和长期理财目标，让孩子在理财过程中感受到希望和梦想，感受到快乐和成功。

第七章

婚姻非坟墓，学会爱情保鲜术

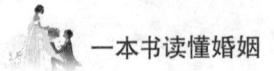
做个"镇宅"的太太

这个时代流行"宅女",但男人想要的并不是一个天天守在家里的"宅女",而是一个"镇宅女人"。什么是"镇宅女人"?

第一,家里的十八般家务,不说样样精通,至少也拿得起,放得下;

第二,让那些喜欢满世界跑的"环球牌"男人,一看到你就安心、放心、省心;

第三,就是在现实生活中,拥有自己的个性、品位、爱好和情趣,娱乐自己更能娱乐家人,热爱工作,自给自足。

娶这样的女人做太太,才会让为事业打拼的男人们在厌倦了胸怀天下、志在千里,能上战场不能下饭堂的英雄生活后,开始思念家庭。同时,无论他饿了、累了、困了、乏了,还是经历了不幸、过错、幸福、成功,都可以安心回到太太身边,因为太太是他最温馨踏实的归宿,是他心中永恒的家。所以,如何修炼成一个"镇宅太太",是做一个好女人的必修课。

镇宅恋人第一课:洗衣做饭,用细节创造美好氛围。

无论社会再怎么发展,田螺姑娘也是男人心中的神话,如同女人永远希望男人们强壮多金，可以给自己带来心灵的安全感一样。所以，女人想让老公永远离不开你，首先要把自己修炼成美丽的田螺姑娘，在繁忙的工作之余学会洗衣做饭料理家务。有句老话，要想拴住男人的心，先要拴住男人的胃。这句话不无道理，可口的饭菜、整洁的居室才会有家的感觉。再说，女性十之八九都会成为母亲，如果不善于操持家务，将来如何能够成为一个优秀的母亲，所以，要想生活美好温馨，还是要从自身做起。

镇宅恋人第二课：温柔大度，用爱心让他宽心。

男人和女人不一样，他们陷入困境的时候，不会哭、不会说，只会闷着。然而不在沉默中爆发就在沉默中灭亡，所以，他们会发脾气，会毫无征兆地发泄情绪，这个时候，温柔大度是最好的灭火剂。女人的温柔不是优美的身段也不是轻柔的话语，也不是无视他的恼怒、漠视他的情绪，而是适当忍让、调节他的情绪，用母性的胸怀帮助他渡过难关。这样的太太，才是最有气度最旺夫的女人。

镇宅恋人第三课：丰满生活，时时刻刻给他一个新鲜恋人。

不要说"如果全世界我都可以放弃，至少还有你值得我去珍惜"，爱情不是生命的全部，女人不能为爱、为丈夫、为家庭放弃一切，否则，你不过是一道不变的菜肴，再好也会吃腻。要想让爱情激情永在，要想让他永远以你为家，守着你，爱着你，就要不断充实自己，让自己充满新鲜感，只有这样，他才会一直爱恋你，因为这个家里有新鲜的你让他的生活天天充满开心与活力。

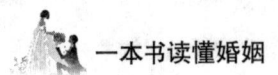

好太太，帮他做好"面子工程"

　　女人出门，要衣服漂亮、别致、大方，衣服穿得光鲜，出门才自信十足。男人在外，要有面子、阳刚、威严，面子撑得住，出门才趾高气扬。

　　朋友聚饮，一位新婚不过数月的男人，脸红脖子粗地高叫"再喝"。旁人戏谑他，小心喝醉了，回家不让上床，还得跪搓衣板。男人头一昂，不顾杯中啤酒洒落，不可一世地叫嚣："屁话！结婚前我就跟她说了，男人什么都可以不要，就是面子不能不要。想做我老婆，就得给我撑面子！"有个江苏帅哥找了个东北女孩，身材火辣，性格也够火辣。每到周末，东北女孩就风风火火地冲进江苏帅哥的单身宿舍，风卷残云般洗衣服、打扫卫生；每到夏季，女孩就自觉买了西瓜往帅哥的宿舍里抱，也曾是职工宿舍里一道美景。然而，东北女孩脾气火暴、铁齿铜牙，轻则呵斥、重责打骂。最凶的一次爆发在结婚前，江苏帅哥要搬出单身宿舍，整理旧物，清理出很多没用的书籍、破旧的用品，打算扔出宿舍，被东北女孩撞见，在宿舍门口被截住，东北女孩反复地将男生往墙上推，半蛮横半撒娇地叫嚷："你以为你多有钱啊！"以温柔著称的江苏帅哥，脸色难看、眼神绝望。这件事之后，江苏帅哥提出分手，东北女孩一哭二闹三上吊，轰轰烈烈地演绎了一场爱情剧之后，终于复合。后来女孩终于明白了一个道理，那就是一定要给自己的男人应有的面子。

初涉情场的女孩，大都不太关心男人的面子。她们想不明白，男人的臭面子凭啥那么重要？事实上，男人的面子就是他的自尊，就是他的自信，就是他最在意的东西。所谓"死要面子活受罪"，男人要面子都要到这份上了，作为妻子，还有什么理由不去维护男人的面子？都说要想抓住男人的心，就要抓住男人的胃，当下，要想抓住男人的心，就要维护男人的面子。

那么做妻子的，如何维护男人的面子？

男人对于面子的基本要求是："在外面，一定要给我面子"。

男人要面子，就像女人要化妆一样重要。特别是在"外面"，这个"外面"，就是在领导、同事、朋友、亲戚，甚至陌生人面前。男人的面子，就像女人的衣服，是给别人看的，就像女人不能穿着睡衣出门一样，男人也不能不要面子"裸颜"出门。所以，恋爱中的女人，一定要注意"内外有别"。即便是非常熟悉的朋友、职位不同的同事、熟识多年的亲戚，哪怕是走在满是陌生面孔的街头，也一定要给足他面子。因为，在很多男人的潜意识里，最怕的就是被人戳着脊梁骨说自己怕老婆、没出息、没本事。

在行动上，给足男人面子，就意味着作为妻子的你，要在人前人后极力维护对方的形象。千万别在亲朋好友面前抱怨他收入不高、学历不高、能力不高，不管他在不在面前，都不要过多抱怨。你对外人的抱怨，一旦被他知道，就会严重打击他的信心，摧毁他对你的信任。

在言辞上，给足男人面子，就意味着在日常生活中，要多赞同他的观点、意见和看法。虽然在婚姻生活中，两个人难免因为思维方式的差异，对事情持有不同的意见。但为了照顾男人的面子，妻子应该在无伤大雅的小问题上，尽量赞同他的意见。在婚姻里，女人获得的更多是依赖、归属，男人获得的更多的是征服、欣赏。如果妻子连基础的赞赏都没有，丈夫还如何能够在婚姻里获得面子，又如何能够感受到妻子浓烈的爱意？

男人们对于面子的附加要求是："在外面，一定要给我撑面子。"

男人要面子，也要妻子帮忙撑面子。所谓夫唱妇随，再玉树临风的男人，也需要妻子给他脸上贴金。男人爱美女，就是因为征服美女本身就是自身能力的一种体现。为什么很多暴发户都喜欢找"小蜜"，喜欢带着年轻貌美大学毕业的"女秘书"出行，而不是带着自己徐娘半老大字不识的爱人出行，究其本因还是为了自己的面子，为了给自己脸上贴金。所以，太太要想让男人一直爱你宠你，就要用自己的外貌、学识、修养、谈吐和风韵，给男人撑面子。

作为妻子，要在行动上打造自己的外在与内涵，只有这样，才能够成为他的骄傲，成就他的面子。

在言辞上，做一个臣服顺从的老婆，做一个独立自主的女人，只有这样，才能在帮他撑足面子的同时得到他的尊重。

男人比女人更虚荣。男人要面子，要的是他人的认同、他人的尊重，甚至他人的敬仰。在外，太太给足男人面子，帮男人撑足面子，回家，只有两个人的时候，就可以尽情折腾，要他来宠、要他来爱。只要太太在外小鸟依人，给足他面子，回家哪怕河东狮吼，丈夫都心甘情愿。

小心婚姻"狗仔队"

把婚姻比作爱情的坟墓，这一说法由来已久，意思是，走进了婚姻，就失去了自由。这个比喻有些夸张，不过，走进婚姻确实会丧失很多原本属于自己的洒脱。因为在婚姻里，总会有一帮类似"狗仔队"的亲友，时刻环绕在婚姻的周围，像跟踪明星一样跟踪你的言行，随时向你的另一半报告你的举动。

婚姻不只是两个人的天堂，还可能是彼此的噩梦，比如妻子面对婆婆高倍监控器似的眼睛，面对公公时时刻刻的关注，生活在婆家的妻子如芒在背。可日子还是要过的，妻子和公婆生活在一起，面对公婆牌"狗仔队"，妻子该如何"伪装"自己呢？其实，要扮演好媳妇的角色，就要修炼成刀枪不入的好太太，任凭两位老人百般挑剔也不能奈何你。

朋友思嘉经历了四年的爱情长跑，终于和男友张元结婚了，拿着大红的结婚证，思嘉兴奋不已。虽然张元四年的薪水加起来还付不起一套房子的首付，可好歹张元是土生土长的北京人，薪水再怎么低，也有一套和父母共住的大房子。所以，思嘉揣着结婚证，欢天喜地地搬出了自己租住的小屋，搬进了张元的父母精心为他们小两口装修一新的老房子。

"家有一老，如有一宝"，如今和两位老人住在了一起，思嘉以为自己又可以像以前在自己家一样，过上公主般的生活了。

可搬进张元家不到一周，思嘉就感到了拘束，公公婆婆是典型的"60后"，传统而保守。在两位老人的高光扫射下，思嘉在家里渐渐如坐针毡。在家里穿吊带，会被婆婆"关心"；吃饭前吃点零食，也会被公公"规劝"；就连偶尔在卧室里蹦跳两下，跟张元打打闹闹，都会引来公婆"围观"。渐渐地，思嘉做每件事都小心翼翼，时刻提心吊胆，这让她感到非常不适应。为了躲避公婆的目光，她开始尽量少在家里待，每天早早出门上班，下班后尽量在办公室加班，能少在家里待一会儿就少在家里待一会儿，省得回到家，还得被公婆盯着，浑身不自在。

有一次，思嘉下班回家，推门就看见婆婆坐在丈夫对面，紧皱眉头说着什么，一见思嘉进门，就闭口不说了，像是在"密谋"什么。思嘉满心不畅，钻进卧室。不一会儿，张元进了卧室，问思嘉最近工作是不是很忙，为什么总是加班，还说公公婆婆都很担心她，要是工作出了什么问题就说出来，大家一起帮着想想办法。思嘉心里一下子就烦躁起来，这都哪儿跟哪儿啊，在家里待着不自在，在办公室待着也不可以啊？思嘉觉得，婆婆根本不是在关心她，而是在向丈夫告自己的状。

从那天起，思嘉更觉得在家里不自在了，她觉得公公和婆婆就像狗仔队一样，每时每刻都在盯着她，自己的所有举动都有可能被他们"偷拍"。更糟糕的是，婆婆会将"偷拍"到的情况，如数报告给老公，原本不是问题的问题，被婆婆"偷拍"后，在老公那里无限放大，就可能成了大问题。不知不觉，思嘉开始变得越来越紧张，只要老公和公公婆婆在一起，她就忍不住竖起耳朵，想听清楚公婆和老公说的每一句话。这种状态，让思嘉苦恼不已。

有一天，思嘉和一个姐妹聊天，谈起了自己的苦恼，姐妹给思嘉出了个主意，让她"投其所好"。姐妹建议思嘉不要躲出家门，而是守在家里"投其所好"。于是，思嘉开始减少加班的次数，观察公婆的喜好，用姐妹的话说，就是采取针对"狗仔队"的反侦查策略，"投其所好""伪装"自己，寻找机会"物质"贿赂。于是，思嘉开始主动帮婆婆分担家务，主动陪公公下棋钓鱼。思嘉还特意花了大把时间，坐在客厅里陪婆婆一起看"肥皂剧"，而不是每天晚上一回家就钻进卧室上网写微博。如此"伪装"了不到两个月，思嘉竟然发现，公婆的风向标开始转变了，他们不仅在老公面前"汇报"自己的"优良表现"，还开始跟自己"汇报"老公的动向了！思嘉终于开心自在了，看来，用"伪装"对付公婆牌"狗仔队"，还是蛮有效的！

其实，婚姻"狗仔队"之所以存在，不过是因为爱，父母爱自己的孩子，同时也爱着自己孩子的爱人，尊重狗仔队的"监视"，用爱去温暖婚姻狗仔队，用真心换对方的真心，最终，没有谁真的是谁的狗仔队，大家都是亲人。

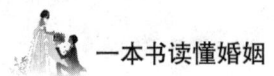
拒绝良家妇女综合征

　　好男人的搭档是谁？当然是良家妇女、田螺姑娘。社会喜欢良家妇女，男人喜欢田螺姑娘，在老电影《手机》里，洗脚都要上"良家洗脚屋"。不想做良家妇女？小心没人娶。男人娶老婆，都是冲着"贤良淑德"四个字去的。

　　可田螺姑娘式的良家妇女确实难当，发几次脾气就叫歇斯底里，吃几次醋就叫管得太宽。男人犯错叫浪子回头，女人们寻求自由就是风骚放荡。要做良家妇女，这辈子就只能爱一个人，他不爱你也是你的错，于是妻子们只能忍了再忍。最令人害怕的一点是，良家妇女做久了，甚至会被逼成古板的道德队长。明知道他今天加班，可还是下班准点到家做饭；稍微和男士开几句玩笑，就恨不得多洗几件衣裳来向老公赎罪……甚至，看到办公室的单身美人也冷眼相加：这种狐狸精怎么能和我们良家妇女比。连身边的朋友们都烦："哎，那谁谁啊，你真比良家妇女还良家妇女。"

　　其实，新式的良家妇女并不意味着自我控制、自我封闭，而是要以开放的心态去面对问题，我们提倡的"良家"不代表着牺牲和忍让，而是要用一种新的平衡关系去改变男女之间的相处状态。做个良家妇女式的妻子的确是个不错的提议，只不过，当下妻子的"良家"的含义，不是保守无知的老式良家妇女，而是二分之一的田螺姑娘。所以，婚姻中的女人一定要克服"良家妇女综合征"。

什么是良家妇女综合征呢？

病症一：勤劳怨妇。

朋友小夏，结婚之前一直很懒，很少收拾屋子，也懒得整理衣橱，就连换洗下来的衣服都要堆到周末才洗。可结婚不到一年，小夏就像变了个人似的，下班回来，不是做饭就是洗衣服，没有空闲的工夫。其实小夏开始并不勤快，可被老公骂了很多回之后，终于任劳任怨起来。小夏说，"谁叫咱们是女人呢？让老公洗衣服做饭，说出去也会被别人骂懒的。"开始，小夏做家务，老公还帮着打打下手，表扬几句。后来习惯了，老公每天回家后就往沙发上一靠，看电视看报纸，就是不看辛劳的小夏了。在一日日的劳作中小夏渐生抱怨，满腹牢骚，可她越是发牢骚老公越是反感，有时为了逃避她的唠叨，就和朋友们一起出去吃晚饭，很晚才回家，小夏心有不甘，却毫无办法。

小夏就是感染了良家妇女综合征，主要症状就是越勤劳付出，怨言就越多，就越得不到老公的疼爱，然后为了获取疼爱就要付出更多，可这种习惯性付出越多，就更推动了这种恶性循环。

怎么办呢？很简单，只要狠狠心，对婚姻里的事情闭只眼，找个适当的理由让自己闲下来，只做一个二分之一的田螺姑娘。你也可以工作很忙，也可以生病，然后十天半个月不管理家务。用不了多久你家那个甩手掌柜就明白你的付出了。当然，刚开始的时候，你家那个人可能对你的忙

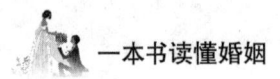

碌和疾病无动于衷，认为你还会像往常一样料理家务，但数天后，看到满地狼藉的家，他就会心烦意乱、向你投降了。

病症二：受气老婆。

在很多的婚姻里，女性的地位比男性低，包括社会地位和家庭地位。于是，女性就很容易沦为受气老婆。仿佛男人在外面受了委屈，回家跟老婆撒气是天经地义的。老婆不仅做了老公的情绪垃圾桶，包容了老公所有无理的责骂，还要在日复一日的生活里打不还手骂不还口，别以为这样就是一个好妻子好女人，其实最后受罪的还是你自己，天天受气，不失眠也得神经衰弱。

爱情面前人人平等，婚姻也一样，不要因为爱就容忍对方所有不正当的发泄。记住，你不是他的救世主，纵容他过多的发泄只会让无辜的你也陷入不良情绪的深渊。在他即将发泄的时候堵上耳朵，大声说"不"，让他自己的情绪自己解决。这样，你才不会变成他的情绪垃圾桶，也不会让自己因此彻夜难眠。这才是新式良家妇女的应对良策。

病症三：晾家妇女。

还有些良家妇女，因为和丈夫的交际圈、生活圈不一致，天天被丈夫晾在家里，从良家妇女变成了晾家妇女。然后她们就开始怀疑丈夫不在家的时候是不是有出轨的行为，就开始啰唆唠叨，时刻探听丈夫不在家时的细节，甚至详细到每一分钟。这个时候，这个女人就病得不轻了，要是再持续下去，恐怕就要从晾家妇女，变成被休的妇女了。

很多时候，男人不带妻子出去，或者不告诉妻子他的动向，并不是有意躲避隐瞒，而是他觉得带着妻子出去或者跟妻子说没有什么意义。因为很多时候男人和女人的兴趣不同，他认为有意思的事情妻子却没有反应。

所以，独自在家的时候，女人要学会让自己开心，看喜欢的电视剧，和闺密出去逛街，让自己从对他的惦记里解脱出来，这样彼此都轻松愉快。

再说了，要是丈夫见妻子在他不在的日子里过得比他在家时还开心，他心里也会纳闷好奇，妻子一个人在家的时候会做什么，这时妻子"被晾"的情况就会逐步改变了。

做妻子，一定要学会在婚姻里快乐生活，不要过度较真，做新式的、二分之一的田螺姑娘。只有拒绝了良家妇女综合征，才能真正适应婚姻，过好婚姻里的每一天。

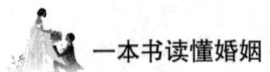

旅行，重启爱情魔盒

中国当代诗人汪国真有首诗，名为《旅行》。诗中这样写道："凡是遥远的地方，对我们都有一种诱惑。"对夫妻来说，旅行不仅仅是来自遥远地方的诱惑，更是来自爱情的幸福诱惑。旅行是婚姻里最美好最幸福的记忆。旅行中的人看的不仅仅是风景，更是自己身边的那个甜蜜爱人。旅途中，一次三秒钟的彼此凝视，一杯清酒的浅酌，一个纷飞落叶中的转身微笑，都可以被铭记一辈子。所有的柔情蜜意、浪漫惊奇，都将为旅行增光添彩；所有的良辰美景、异地风情，也都将让婚姻重焕生机。所以，重启爱情魔盒，不妨来一场说走就走的旅行。

一起去旅行吧。在旅行中，无论登山还是泛舟，无论骑车还是坐车，每个人所展示的自己，都是和日常生活中完全不同的另一个自我。和爱人一起去旅行，在路途中彼此扶持、一路相伴，你不仅能更了解对方，还能更深切地感触到彼此的爱意。

美国圣何塞州立大学运动心理学博士约翰斯·高尔通过研究证实，在旅行中，陌生的环境和体能的挑战，相当于一种与日常环境迥异的高压情境，一起旅行的人，通过共同完成挑战，更容易产生患难与共的亲密情感，在两人的生活中留下一段独有而难忘的记忆。这种紧密的情感资产将成为情侣们共同的精神财富。这就是为什么在许多由情侣们参加的户外挑战节目中，会出现参加完节目后，伴侣之间不是更加亲密，就是一拍两散情况的原因。

简而言之，旅行是婚姻的试金石。在旅行中，可以从 4 个方面进行考察，以确定对方是否真的是你的真命天子。

第一个方面，亲和力。通过旅行，观察对方是否善于与陌生人沟通和交流，是否能构建融洽的交际氛围。第二个方面，抗压力。旅途中，除了身体的疲惫，还可能出现种种突发事件，比如钱包被偷或遗忘东西，这个时候，双方是否能够心平气和地处理突发事件，是否能够安慰彼此而不是彼此抱怨，这体现了彼此的抗压力究竟有多大。第三个方面，责任心。在户外游戏或户外运动中，丈夫应尽可能地保护妻子，那么，为了妻子的健康和身体，丈夫是否会放弃只有他可以玩乐的项目，为了妻子改变原有的行程？会否听从妻子的意见选择一些他并不太感兴趣的项目，这就体现了丈夫对妻子的责任心究竟有多强。第四个方面，忠诚度。旅行中，难免会遇到心动男女，这个时候，彼此对异性的态度，就很好地体现了彼此对婚姻的忠诚度。

如今，越来越多的中国家庭开始热衷旅游，越来越多的旅行社打出了"幸福家庭游"的旗号。有一个旅行团曾打出这样的广告语：如诗季节，倾情打造"寻爱之旅"，到海南、江南、厦门、桂林、钟祥五大经典爱情故事发生地，见证你的爱情。旅行是浪漫的代表，爱情是终极的浪漫。婚姻中人，不妨换个环境，一起踏上旅程，在日暮时的富士山下，在轻风微寒的布拉格长桥上，在西雅图的不眠夜里，在魁北克的圣诞欢歌中，相拥而笑。

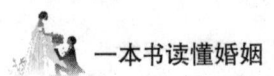

揭开婚姻甜蜜的秘诀

　　大家都希望婚姻永远甜蜜，可却总难一帆风顺，大多只能风雨相伴，最终渐渐归于平淡。如何才能永葆婚姻甜蜜，常爱常新呢？这里，让我们一起揭开婚姻甜蜜的秘诀。

　　秘诀一：重回陌生。

　　两个人在一个屋檐下待久了，新鲜感就没了，亲密也就成了白开水，淡然无味。回想初恋时的甜蜜，如何才能回到那种幸福的感觉？秘诀一就是四个字：重回陌生。抛开你们习惯的生活圈子，一起去陌生的地方，比如一个语言不通的国家，一个不熟悉的地方。在陌生的环境里，一起面对新鲜而未知的挑战，彼此眼里的对方重回陌生，而彼此都将是陌生环境里最信任的人，这时，亲密的感觉就会卷土重来。

　　秘诀二：称呼对方的昵称。

　　婚后，很多人都习惯用"孩子他爸""孩子他妈"，或者直接用姓名来称呼对方，恋爱时的种种甜蜜称呼全都不用。其实，不用觉得老夫老妻不好意思再甜蜜地叫对方"亲爱的""宝贝"，亲昵地称呼对方，如"大宝"或小名，会让他（她）感觉亲昵重来。你可以管你家老公叫"大宝"，孩子叫"小宝"，这样孩子也会感觉父母感情很好，而你们的关系，也会因为称呼而重回亲昵。如果你认为突然这么叫有些张不开口，可以在 QQ 或微信上和他聊天时，率先尝试。

秘诀三：为对方做点亲密小事。

有时候，为对方做点亲密小事，能够让婚姻峰回路转。这件小事应该是以前没有做过的，并且最好是能够表达你的爱意和温柔的小事。比如给他洗一次头、为他做一次全身按摩，或者给他整理一下公文包；再比如男方为她报一个瑜伽班、为她买一件裙子，或者为她整理一次家务。这样的小事看起来简单，却能够给彼此的内心带来温馨的感动，给你们的婚姻打一针回春剂。

婚姻重回甜蜜的秘诀其实并不复杂，只要细心观察，就可以窥出一二，除了上面的四个秘诀之外，还有一些辅助秘诀，比如"感受对方的需要""和对方一起建立新的兴趣爱好""与对方同步思维""分享彼此的秘密"等；只要真心投入，动动脑筋，总会打开属于你们的婚姻保鲜的秘诀。

第八章
遭遇婚姻危机，究竟要怎么办

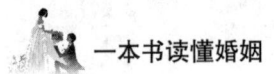

最骗人的婚姻定律

世间流传着众多爱情定律，甚至被认定是爱情宝典，其实，爱情本就不应该遵循教条，所谓的爱情定律，有一些是误人子弟的教条，其中最欺骗人的有下面几条：

第一条，珍惜眼前人。

婚姻中的人一旦想要放弃，就会被这条定律所约束。亲朋好友都会苦口婆心地劝解：珍惜眼前人。于是，很多人就因为这句话，苦守着并不合适的爱人。人一辈子不可能只相遇一次，遇到的可能是合适的，也可能是不合适的，可能是好人，也可能是坏人；等一切经历过，回头再来看，会发现其实不必珍惜所有。

有个女性朋友D，遇到了一个非常"极品"的男人。她和这个男人结婚两年，经历了太多的艰辛，不是生活上的艰难，而是感情上的辛苦。D和面目敦厚、为人热情、家境殷实的丈夫结婚刚两个月，就发现一位女友的手机里有丈夫的照片，仔细一问才知道，丈夫曾经是女友的男友。然而，当D找到丈夫质问此事时，D却矢口否认。后来，她又在丈夫的手机里发现了其他女孩发来的暧昧短信，面对言辞露骨的短信，"敦厚"丈夫却说是垃圾短信、骚扰短信。再后来，她在丈夫的书包里翻出了避孕套，她自己一直在吃避孕药，她和丈夫之间从来没用过避孕套……总之，面对各种问题，她想到了离婚，可"敦厚"丈夫总是一次次狡辩，一次次说"你怎么能如此不信任我？我现在对你的好你又不是看不见，我一心一意对你，你却这样怀疑我，你要是不珍惜我，我也就没法珍惜你了"。而D离婚了三年的姐姐也总是跟她说，"有的人你一辈子只可能遇到一次，失去了就不会再拥有，珍惜眼前人吧"。

于是，D一次次宽容了"敦厚"丈夫。直到两年后，他说要去上海做生意，开始隔三岔五地去上海，每次一去就像断了线的风筝，不是不接听电话就是手机关机。等他回来，不是说在谈生意就是说手机摔坏了。D在朋友的帮助下，发现"敦厚"丈夫在上海竟然还有个"家"，每次去，他都在那个女人那里吃住，而且二人竟然还生了一个孩子，孩子刚满周岁。正是一句"珍惜眼前人"，蒙蔽了D的眼睛，让她在貌似敦厚的丈夫身上空耗了两年青春，受尽伤害后，最终还是难逃离婚之痛。

第二条，情人眼里出西施。

中国有句老话，"情人眼里出西施"，所以婚姻中的女人，总以为自己是丈夫眼里最漂亮的那个，在得到婚姻后，便疏于修饰自己。其实，这句话最骗人，除非你真的是西施，否则他的目光不可能不被别的漂亮女人所吸引。就算你真的是西施，也不保证他没有看厌的那一天，所以，再爱他也别忘了取悦自己。

婚姻中的女人都容易"近视"，不仅看男人看不清楚，看自己也看不清楚。男人在恋爱阶段总会说些甜言蜜语，比如"你不用化妆，自然点好，我就喜欢自然的你""宝宝穿什么都好看，宝宝最漂亮""宝宝不要减肥，我就喜欢胖乎乎的你，多圆润多富态"。事实上，这些话又有几句是真心的呢？本质好色的男人怎么可能喜欢一个丑女人呢？别以为情人眼里出西施，当你真的越来越丑，变成了黄脸婆，他的目光也会投向其他的漂亮女人。

第三条，吵架是必要的沟通。

夫妻之间难免吵架，有人说"吵架是夫妻间必要的沟通"。其实开心才能长久，婚姻中虽然避免不了争吵，可争吵的多了，爱情就淡了。吵架就像在婚姻这块木板上钉钉子，和好后，钉子是拔掉了，可钉子洞还在。

很多年轻人好胜，就连吵架都喜欢没完没了地争最后一句话的发言权，谁也不肯服输。吵架的两个人，都难免伤心，都会给彼此留下伤痕，本来芝麻大点的事情，吵起来了就变成了纠葛或矛盾，最终变成了内心的计较和愤怒。这种内心的怨愤长久积累下来，就成了婚姻的致命伤，最终，两个人很可能都没法再爱下去了。

除了这些，还有不少没那么靠谱的婚姻定律，所以婚姻中人一定要明辨那些"流传已久"的婚姻定律。

遭遇第三者，第三者何苦为难婚姻中人

《笑傲江湖》中有句经典台词：有人就有江湖，有江湖就有争斗。在婚姻的江湖里一样有争斗，如果退隐了，婚姻也就名存实亡了，所以遭遇第三者不要怕。

在婚姻里，遭遇第三者插足最窝心。对于一般的第三者，多数人还是能够拿出切实可行的手段来应对。但如果是自己一起长大的姐妹呢？如果是自己的朋友呢？在婚姻里，既然没有谁对谁错，就没有谁能稳操胜券，当对手是自己亲同手足的闺密或者朋友，又该怎么办呢？

孙晶和张明从小一起长大，孙晶的爸爸妈妈是地质勘测员，所以孙晶从小就被托付在邻居张明家，张明的妈妈把孙晶当成自己的孩子，拉扯她们长大。

孙晶21岁那年，遇到了大田，大田疯狂追求孙晶。当孙晶开始羞涩地向张明展示大田送给她的可爱的时装戒指、美丽的仿皮长靴，并且开始每晚跟张明絮叨大田那些甜言蜜语里的爱与情时，张明嫉妒萌生。后来，张明开始想方设法吸引大田的注意力。然而孙晶的父母和大田的父母已经

为二人订好了婚期，二人便幸福地结婚了。没想到结婚两个月后，张明竟然和大田暗度陈仓。孙晶特别无奈，在友情和婚姻之间，她不知道该如何选择。可没多久，张明竟然怀上了大田的孩子，大田向孙晶提出离婚，孙晶和张明的友谊也彻底完结。对于孙晶来说，最大的痛，就是看到张明和大田在街口牵手而行。她发誓，这一生，再也不和张明、大田来往。

然而，张明竟然流产了，而大田在某个夜晚，找到了孙晶，说他其实真正爱的只有孙晶，他无法再拒绝内心的感受，也无法和张明再在一起生活下去。

就这样，孙晶像当年张明站在她和大田中间一样，站在了张明和大田之间。对于孙晶来说，大田是她的初恋，她不可能不爱他，不可能不愿意复合。可她不愿意张明像自己当初一样撕心裂肺地痛；毕竟，在张明和大田之间，张明的付出，并不比孙晶少。张明在流产的当天，还打电话给孙晶，说她害怕自己从此再也不能生孩子了，害怕大田因此不要她了。

孙晶最终还是拒绝了大田，并且把被大田扔在医院里的张明接到了自己家，照顾张明。三个月后，张明终于重新"活"了过来，她和孙晶再次抱在了一起，泪水顺着彼此的面颊流淌下来。

其实，天下男女都是一样的，都怕背叛，所以当第三者的不妨多想想，如果有一天，你结婚了，你也遭遇了，你是什么感觉？而遭遇第三者的不妨也想想，第三者也是人，出轨不是单方面的错。在关于小三的纠葛中，没有谁是真正的胜利者，大家都是受害者，也都是不幸的人。

同床睡态看你和他的关系

夫妻之间，因为彼此的脾气不同，感情深度不同，虽然在日常生活中可能会因为一些目的而掩盖真实的关系。但到了床上，特别是睡着了的时候，那些原本深藏的爱恨就会统统通过睡姿释放出来。同床的时间越长，这种动作语言所传递的信息就越准确。那么你和他的关系到底如何呢？究竟是否像阳光下看见的一样？还是让我们来做做下面的测试吧。

1. 你们多长时间在一张床上睡一次觉？

A. 天天都在一起

B. 周末或约定的时间在一起

C. 有空有心情的时候在一起，没有固定时间

D. 两地分居，很长时间才有机会在一起

2. 睡觉的时候你们最经常采用是哪种姿势？

A. 男方正面贴着女性的后背入睡

B. 男女并排着睡或面对面而睡

C. 双方背贴着背入睡

D. 女方由后方紧抱着男方入睡

3. 睡觉的时候你们如何枕枕头？

A. 女方枕着男方的胳膊或者胸脯

B. 男方枕着女方的胳膊或者胸脯

C. 两人共枕一个大枕头

D. 各枕各的枕头

4. 睡觉的时候你们通常穿什么衣服？

A. 双方通常都裸睡

B. 女方穿睡裙不穿内裤，男方赤裸

C. 女方穿睡裙和内裤，男方穿内裤

D. 双方都穿睡衣睡裤

5. 早晨醒来的时候你们的睡眠姿势通常如何？

A. 女性紧贴男性胸口

B. 男性紧抱女性

C. 双方的手臂搭在一起

D. 双方肢体没有接触

选A多者：你和伴侣的相爱程度很深，彼此在思想品性、精神取向及性爱上都和谐如一，是一对人人羡慕的好夫妻！不过女性要注意，不要天天"缠"着他睡觉，时间长了，他会因此感觉你已完全归属他，从而不再像当初那样珍惜爱恋。适当地放开他，偶尔试着各自睡去，谁也不碰谁，他可能会更爱你哦。另外，不要天天用人家的胳膊当枕头，适当让他放松休息一下。

选B多者：这个答案可有点不妙，这表明你们虽以甜蜜、浪漫的婚姻开始，如今却经常吵闹不断，有了隐秘的感情裂痕。当然，你们依旧相爱，依旧相互吸引，但可能因为工作或其他事情而忽视了对方，同时你们对彼此的要求都比较高，容易因为对对方的不满而争吵。建议放慢彼此生活的脚步，想想那些甜蜜的往事，多想想对方的好处，学着宽容和欣赏，裂痕就会慢慢消除。

选 C 多者：选择 C 多的人，比较独立，有主见，对方同样也是如此。这样的伴侣是舒婷笔下的橡树，相互独立相互扶持，对婚姻中的问题也能及时理性沟通，开诚布公地寻求解决之道。这是典型的都市伴侣，不过因为双方个性都比较强，相互都有自己的生活方式和生活圈子，久而久之难免产生感情上的不测，所以建议双方建立固定的约会时间或者是"会议时间"，定期交流感情，才能让婚姻常在常新，才能抵御各种诱惑。

选 D 多者：这是一个双重答案，有两种可能。

一种是女方是个细致体贴、宽容豁达的伴侣，对男方的爱无微不至，全心呵护，同时对男方的依赖度也比较高，在婚姻中就像木棉花依附在橡树上。而男方却是一个不喜欢被温情束缚的人，尽情享受着女方的依恋。建议这样的女性提高自身的独立性，开阔社交范围，不要把所有的时间和感情都投入在男方身上，这样才能更好地保护自己、吸引男方。

另一种可能是婚姻已经出现了很大的问题，彼此心里都清楚却不愿意挑明真相，所以就勉强维持着。这种状态是最危险的状态，如果还想继续这段婚姻，就一定要找一个合适的时间和地点开诚布公地谈一谈，找到切实可行的解决矛盾的办法。当然，如果你们的婚姻只是权宜之计，还是尽早分手的好，免得双方都耗费青春，耽误时日。

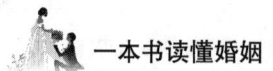

遭遇第三者之后

遭遇第三者，是指那些在不知情中被人欺骗或者被背叛的爱人。他们在怀疑、无奈和痛苦中抉择着，留下还是离开，放手还是报复。婚姻面临决裂，被人插足者再无辜，也总要有个选择。

遭遇第三者之后最豪迈的选择：把第三者当成你的战友。

如果没有第三者，又如何遭遇第三者。其实人都是一样的，只是你比第三者先到。既然都爱上了同一个人，那么就算是战友了，何苦相互为难，还是一起把矛头指向那个心爱的人，看他如何选择辩解。

辛晓琪有首歌，歌词里有这么几句："女人何苦为难女人，我们一样有最脆弱的灵魂，世界男子已经太会伤人，你怎么忍心再给我伤痕。女人何苦为难女人，我们一样为爱颠簸在红尘，飘忽情缘总是太会作弄人，我满怀委屈却提不起恨。可以爱的人那么多，你为什么非要我这一个？"女人何苦为难女人，生活本已艰难，而女人的情伤大部分还都是女人给的。如果女人都能彼此理解，也许这些伤害就不会发生了。女人与女人之间，为什么不能多些尊重与理解？少些嫉恨与伤害？拿别人的痛苦来换取自己的幸福，不一定就会快乐，最终痛苦的，可能不仅仅是被插足婚姻的那个女人，就连第三者自己恐怕也难免痛苦。男人也一样，何苦相互为难呢？

别说"无爱的婚姻是不道德的，既然爱了，为什么要怕背第三者的骂名。爱，永远高于一切。"但谁的婚姻没有爱？

会哭，会闹似乎是每个遭遇第三者的人的必经之路，但聪明的人即便遭遇第三者，也会选择沉寂。只有沉寂，才会让婚姻里的那个人不再逃避，不再排斥，而是静静地思考你安静背后所有的艰辛和委屈。

这个时候，如果你的爱人逃掉，那么，你能做的就是在遭遇第三者之后，把第三者当作战场上同一个战壕的战友，为第三者疗伤，送她走出战壕。

当然你也可以不管，已经是遭遇第三者的人了，凭什么要去关心第三者，她应该为自己的行为付出代价。但即便第三者的错让你痛彻心骨，你也得做出个样子来，让你的爱人看看，让第三者看看！

这不是慈悲，也不是纵容，更不是愚昧。在这场爱情的战争里，遭遇第三者的你和第三者，其实并不是敌人，而是战友，你们共同的敌人是那个不负责任的人。救助第三者，是因为你决定在这场战争之后，还要留在敌人的巢穴里继续作战。当然，如果你打算先跳出战壕，那就另当别论了。

遭遇第三者之后最中庸的选择：把最后的抉择权交给出轨的人。

遭遇第三者不可怕，可怕的是遭遇第三者之后，一哭二闹三上吊，丧失了所有的勇气和自尊。如果你拿不定主意，无法决定坚持斗争还是果断放弃，那么就认真和你爱的那个人分享一下过去的好时光，然后让他来做最后的抉择吧。很多时候，不要以为失去了婚姻就失去了整个世界；也不要以为，不争馒头争口气，你一定不能成全那对坏人。老祖宗说的好，塞翁失马焉知非福，人生的路长着呢；这个出轨的人，不见得是能和你过一辈子的人，也不见得就不能再继续和你走下去，所以还是放宽心，倘若能做到"去留无意看天上云卷云舒"，那你就真的是婚姻里最中庸最心宽的人了。平淡些吧，那个人爱怎么抉择就怎么抉择吧，人生自有定数，你能做的，就是照顾好自己的身体和心情，好好工作而已。

遭遇第三者之后最坚决的抉择：和出轨的人彻底决裂。

如果你已经不是第一次遭遇第三者了，如果你的爱人早就让你伤透了心，如果你早已对婚姻心生倦意，那么，干脆就果断抉择，和出轨者彻底决裂！潇洒走出发霉的婚姻，早日解脱！

当然，大多数婚姻中人还是会不舍得，但与其不舍，还不如舍弃。如果这个爱人连留都不留你，还拼命往外赶你，拼命留在婚姻里又有什么意义呢？

面对爱人出轨，一定要有主心骨

曾有一个大我几岁的女性朋友，在很长一段时间里，都用一张奇特的图片做 MSN 的联系人卡片。之所以说那张图片奇特，是因为它既不是 MSN 上的待选图片，也不是朋友本人的照片，而是一张卡通画。画面上，一个身材瘦小的女孩，刚刚推开房门，迎面看到的，是一对正在床上翻云覆雨的男女。每天我登录 MSN，都会看到它醒目地站在队列里，无助地盯着我。于是，我问这位朋友，为什么选用这样一张图片做联系人卡片，她沉默了很久，最后终于回答，"两年前，在我的婚姻里，就上演了这样的一幕。"其实，我早就猜到了问题的答案，之所以问她，只是想告诉她，在这个世界上，被男人背叛的女人有很多，就连明星人物都不能幸免，你又何必将这份背叛长久地挂在心中、挂在网上，让它成为禁锢你快乐的枷锁呢？男人出轨，并不是女人的错。面对出轨男，女人要有主心骨，不要用男人的出轨来惩罚自己，不要让自己沉浸在被背叛的痛楚中。

出轨分两种，精神出轨和肉体出轨。

"精神出轨"这个概念，源于 20 世纪 90 年代后期。当时，随着改革开放进程的加快，人们的思想观念逐渐解放，虽然受传统道德观念的约束，已有爱人的男女，不敢轻易跨越雷池，但却渐渐有人通过语言、书信、网络等交流方式开始与自己心仪的对象，或者对自己有好感的异性，产生超出普通朋友的感情。精神出轨的人，会将情感逐渐转移至第三方，虽然身体还忠诚于自己的爱人，但内心已不再牵挂、不再依赖，也不再倾慕。有人认为，精神出轨纯属意淫，是柏拉图式的情感，没有出轨之实，男女并没有真正突破底线，无须大惊小怪。事实上，精神出轨就是身体出轨的前奏。在婚姻中，精神的忠诚更甚于肉体的忠诚，难道你能忍受你身边的那个人，日日和你同床异梦吗？难道，你能想象与你朝夕相处的枕边人，心里已经不再爱你了吗？

精神出轨，一般会有以下几种表现：常找借口拒绝亲昵，莫名其妙厌烦你；热情骤减，就连亲密也成了例行公事、不冷不热；总拿你跟别的异性比较，喜欢挑你的毛病；不再愿意顺从你的意见，你生气了也对你不理不睬；开始忘记你的生日等重要日子，送礼物也变得敷衍；常常若有所思，开始冷淡你的亲友。

如果遭遇精神出轨，一定要有主心骨，不能乱了阵脚。毕竟，精神出轨还只是思想走私，没有迈出实质性的那一步，就说明爱人还对你有所依恋，还对婚姻有所顾忌。

遭遇爱人精神出轨，一定要努力拯救。拯救方法就是：小米加步枪，柔情加蜜意。用温柔感化爱人的心灵，用关怀扭转对方的态度，用真情融化对方的冷漠，让对方感到愧疚、温暖和责任。千万别用愤怒、唠叨和哭泣挽回精神出轨的人，那样，只会把对方越推越远。

"肉体出轨"，古来有之。事实上，很多人在婚姻中所遭遇的，和本节开头的故事一样，是真实的劈腿。这种伤害，远比精神出轨更让人心碎。

很多被背叛的婚姻中人，在亲眼目睹了爱人的背叛之后，痛不欲生、肝肠寸断。所以，真正敢于"捉奸"的人，一定要有决断的勇气，否则，发现被背叛之后的愤怒、无奈、绝望和凄凉，将影响一生的幸福。

如果真的遭遇了爱人劈腿，一定要镇定，不要绝望轻生，也不要恼羞成怒。痛是难免的，可头脑还是要清醒。分清楚爱人究竟是偶尔为之、被惑为之，还是积习难改、劈腿成性。如果是前者，可以根据对方悔改的态度，酌情考虑是迅速分手，还是再给对方一次机会。如果是后者，承认自己遇人不淑，告诉自己对方配不上你的未来，彻底放弃。

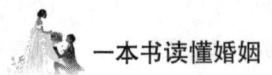

婚姻背后有多少杀机

所有人都渴望幸福的婚姻生活，可实际上，婚姻背后也隐藏着重重的杀机。这里的杀机，并不是说婚姻里的某一方有伤害对方的欲望，而是说在婚姻背后，有许多对健康、心理和事业有害的事情。

首先是健康危害。婚姻中，情绪的波动最影响人的身体。许多人都认为，婚姻里的人心情舒畅，所以身体状态会很好。可科学家的最新研究表明，无论婚姻火热还是婚姻冷漠，都有可能影响甚至伤害双方的身体。英国伦敦皇家学院的研究人员表示，爱情里情绪起伏对人体确实有很大的危害。学院的教授马丁说："爱情可以明显影响人体。瞳孔肿胀、掌心出汗、心跳加速等都会增加肾上腺素的压力，从而给人体健康带来隐患。"研究中还发现，经常吵架或冷战的夫妻，大部分会长期被一种类似流感的综合征困扰，这就是婚姻背后的致命杀机。

婚姻中情绪起伏造成的精神刺激，会引起人体内某些化学物质的改变，如果过于激动、情绪失常、痛苦不堪、悲伤痛哭等，体内的化学物质就会失常，最常见的是苯乙胺含量波动，影响大脑皮质的兴奋与抑制的平衡，使大脑皮层处于异常状态，从而出现精神亢奋或者萎靡，继而出现不思饮食、器官功能下降、机体免疫力减弱等问题，增加患感染性疾病的概率。如果沉溺在痛苦或长期的纠葛中不能解脱，久而久之，还会引起器质性病变，发生冠心病、高血压、哮喘、溃疡等病，那就真的是婚姻"杀"了你。

消除婚姻对健康的危害有两种方法，一种是把自己融入大家庭或者集体生活中，这样就会分散对小家庭的注意力，减少婚姻对自身的压力；另一种就是情感转移，用对工作的追求和对事业的关注以及对孩子的关心来降低另一半的不良影响。

其次是心理危害。爱情是一种复杂的生理心理现象，很多人之所以说在婚姻里成长，其实就是因为爱情对人的心理产生了极大的影响，因此就像空气对于健康的影响一样，婚姻对人的心理健康也有着不可低估的影响。根据中国首个婚恋医院的调查结果显示，目前患有心理疾病的已婚中国人中，近半数都是因为婚姻出了问题而导致了心理疾病。人的心理是一种复杂、细腻的东西，不幸的婚姻，对人的心理健康的危害是极大的。

在婚姻里，难免会出现过于激动、烦恼、焦虑、忧伤、猜疑、厌恶、愤懑、颓唐等不良的心理反应，这些反应不会马上消失，它们会印刻在你的脑海里，使大脑皮层受到刺激，引起下丘脑功能紊乱，并通过植物神经系统影响到你的生理反应。从而使你呈现出长久的心理障碍，比如应激反应、适应不良反应，甚至出现神经官能症，包括神经衰弱、焦虑症、癔症、强迫性神经症、恐怖症、抑郁症等严重的心理疾病。

心病还要心药治，想要消除婚姻里的挫折对心理带来的危害，首先要心胸开朗、豁达大度，学会控制自己的情绪，即使在婚姻中遇到问题也不要悲观失望，积极主动处理。在婚姻中，要自尊自重，不可任性妄为，轻

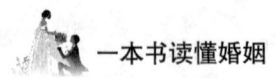

率从事，也不可放纵对方，放纵孩子，以免给自己造成潜在的心理负担。同时，在日常的家庭生活中要注意劳逸结合，生活要有规律，保证体内生物钟的正常运转，才会有良好的精力来经营婚姻。

最后是对事业的危害。婚姻是成就事业的最大动力，也是谋杀事业的最大杀手。古往今来，多少英雄难过美人关，宁失半壁江山，不失美人一笑的例子比比皆是。日本曾叱咤一时的女明星山口百惠，就是为了家庭放弃了演艺事业。而很多男人，在爱情来临之后，也一样会忘却安身立命的工作，着魔一般投身婚姻生活。英国国王爱德华八世就是最典型的例子。因为英国国教教规规定，绝对不允许国王与一位离过婚的女人结婚，而且他的妻子原来的丈夫仍然在世。所以在江山和美人两者只能选一的情况下，爱德华八世选择了后者，在退位书上签字，以"温莎公爵"的身份与挚爱的辛普森夫人结婚。

就像很多人会沉迷于美酒一样，婚姻之所以会谋杀事业，是因为它占用了婚姻中人太多的时间，同时也因为可能会出现的冷战、出轨甚至暴力等状况影响当事人的正常工作与生活。好的婚姻会带给人充足的愉悦感和满足感，消除人们内心深藏的危机感和紧迫感。中国有句老话，"有情饮水饱"。感情的满足确实会降低追求事业的决心与动力。

所以婚姻背后隐藏着太多的杀机，不管什么时候，都要小心谨慎，既不要沉溺于幸福婚姻，也不要放任自己陷入婚姻危机的旋涡。

女人三从男人四德，婚姻生活才和谐

"三从"出自《礼记》："妇人从人者也，幼从父兄，嫁从夫，夫死从子"。"四德"出自《周礼》："掌妇学之法，以教九御妇德、妇言、妇容、妇功。"汉朝的班固完整地解释了四德："妇德，不必才明绝异也；妇言，不必辩口利辞也；妇容，不必颜色美丽也；妇功，不必工巧过人也。"三从四德理论流传千年，却早已被"揭竿而起"的独立女性所摒弃，凭什么要女人"从人"，凭什么要女人"不必"？于是，胡适老先生写了"新三从四得（德）"："太太出门要跟从，太太命令要服从，太太说错了要盲从；太太化妆要等得，太太生日要记得，太太打骂要忍得，太太花钱要舍得。"在倡导男女平等的社会里，无论谁，都要有从有德，女人要有属于自己的"三从"，男人也要有属于自己的"四德"。

这里，作者斗胆重新定义三从四德。

女人的三从：遵从自己的内心、遵从起码的道德底线、遵从爱。

遵从自己的内心。其实，很少有女人心甘情愿成为某个男人的附属，当下的女性要有自己的人生理想，有自己的事业向往，从心生活，不做任何人的附属，不畏惧任何阻挡，才能将幸福婚姻进行到底。

171

遵从起码的道德底线。婚姻里有许多众所周知的道德规范，比如忠诚、不搞婚外恋、对家庭负责、对爱人负责、对孩子负责，这些基本的道德还是要遵守的，否则受伤的除了别人，还有自己。

遵从爱。虽然社会越来越物质，一些人的眼神也越来越势利。但婚姻还是要从爱出发，无论他家财万贯还是英俊潇洒，没有爱的婚姻是乏味枯燥的；没有爱的婚姻，伤人也伤己。

男人的四德：对生活要有责任心、对事业要有上进心、对感情要专心、对社会要有爱心。这四德，是一个男人在世间生活立足的基础标准。

在贯彻新"女人三从男人四德"的同时，我们还要注意以下几点：

第一点，遵从自己的内心并不是说要忽略对方的感受或只重视自我感觉。不迷失自我，坚持自己的观点，不要轻易被对方或者其他社会因素左右，按照内心的指示去生活、去爱，才能感受到真正的幸福。

第二点，遵从爱，这一条，很多女人都会发自内心去遵循，但却往往过犹不及。虽说女人是情感的动物，但人生并不仅仅只有爱，过度投入反而会养成对婚姻的依赖，所以，在爱的同时，一定不要忘了生活中还有很多事情值得关注和热爱，比如工作、父母和朋友。

第三点，对于男性来说，不要把责任心变成同情，不要把上进心演绎成势利，不要把专心变成独裁，只有这样，才能在有从有德的婚姻里游刃有余，幸福一生。

第九章
并不是所有婚姻都值得去挽救

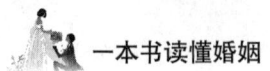

"离婚"两个字，怎么提才不伤人

在婚姻里，有人很幸运，可以一次成功，获得婚姻通行证；但也有人需要闯关、PK，结婚、离婚后，才有可能真正获得婚姻通行证。婚姻是两个人的事情，你可以努力，但不能说你努力了就一定会把婚姻永远留住。因为另一个人，你并不能左右。然而，离婚却不是两个人分开那么简单。离婚后锥心泣血的伤痛，让婚姻中人痛不欲生。但人生很长，也许你的真爱，就在下一秒等着你。别把哀伤挂在嘴边，活着不是为了怀念昨天，而是要等待希望。

当年《还珠格格1》的主题曲《当》红遍了祖国的大街小巷，每个真爱的人，都在吟唱，"当山峰没有棱角的时候／当河水不再流／当时间停住日夜不分／当天地万物化为虚有／我还是不能和你分手／不能和你分手／你的温柔是我今生最大的守候"。每对甜蜜的夫妻，都在盟誓，"当太阳不再上升的时候／当地球不再转动／当春夏秋冬不再变化／当花草树木全部凋残／我还是不能和你分散／不能和你分散／你的笑容是我今生最大的眷恋"。然而，山峰真的能够没有棱角吗？不能。河水真的能够不再流吗？也不能。时间不会停住日夜不分，天地万物也不会化为虚有。所以，没有谁不能和谁分手。太阳永远都会上升，地球始终在转动，春夏秋冬也一直在变化，日升月沉草木枯荣，哪怕离婚了我们也照样可以过得很好。

当爱到尽头覆水难收时，最重要的不是内心的无奈，不是曾经的回忆，也不是落寞的画面，而是如何与他说再见。

很多年轻人都不知道如何说"离婚"。

宁静至今还很怀念第一次婚姻。当时那个先她两年研究生毕业的江西男生，在离开学校奔赴深圳工作前与她领证结婚。两人说好，男生先到深圳打基础，等宁静毕业后就到深圳团聚。最初半年，每周五宁静都能接到江西男生的长途电话。而宁静在开始一两个月，每周五一下课就跑回宿舍，苦苦等待那来自远方的爱情电话。后来，宁静不再按时按点，耐心等江西男生的电话，尽管好几次，男生都在电话那头诉说思念，问她为什么不给他打电话。再后来，宁静几乎每周五的傍晚，都不在宿舍里了。因为宁静有了新的异性朋友，每周五的晚上，同班的男孩小强都会骑车带她去学校附近的露天电影院看电影。在那一年的 5 月 4 日，江西男孩千里迢迢从深圳坐火车回到学校，和宁静团聚的时候，宁静提出了离婚。江西男孩在学校的招待所里整整住了 3 天，不肯离去。后来，男孩又找到宁静的宿舍，宁静干脆逃回湖南老家，避而不见。再后来回学校，宿舍长对宁静说江西男孩找了她很多次，他的眼里有泪。时至今日，宁静都很后悔当初的轻率，她只记得半年后两个人办完离婚手续的时候，江西男孩一动不动地看着她，仿佛变成了一尊雕塑。他走的时候，宁静没有去车站送他，离开宁静宿舍的时候，男孩轻轻叹了口气，说"来的时候就没有座儿，站了一路，今天估计也买不到座儿了"。这句话，成了他们婚姻的最后注脚。直到 7 年后，宁静从老家返京，因为没有买到座票，站了 7 个多小时，才终于体会到江西男孩当年的艰辛。从深圳到北京，当时需要两天两夜的车程，江西男孩为了省钱，没有买卧铺，也没能买到座票，那么，两天两夜的车程，他又是怎样站过来的？而两天的辛劳、三天的等待却换来一句"离婚"。宁静终于明白，为什么毕业第三年，她到深圳开广交会，约江西男孩见面，男孩对宁静说，离婚后整整一年，每天都像在做梦，浑浑噩噩，不知道自己究竟在做什么在想什么。宁静对当年的轻率离婚感到后悔，而自己带给江西男孩的那份创伤，将是他一辈子的痛。

"离婚"两个字，说起来容易，提出来难。如何能够让曾经深爱你的人理解你的决定、放下他曾经疼爱的人？如何能够不伤害那颗深爱自己的心灵，不让对方成为那个流着泪、走在大街上的孤独的人？这是件难事。所以离婚两个字，一定要提得有情有义，尽量别提得伤筋动骨。

提出离婚的最佳方式，就是和平离婚，如果对方不同意，就给对方一个缓冲期，不管这个时间有多长，都尽量陪伴对方度过这个离婚缓冲期。

提出离婚最无奈的方式，就是自己从地球蒸发。曾有个朋友，嫁了一个不错的丈夫，可结婚没半年，丈夫就奔赴外地工作了，紧接着就地球蒸发了，问公公婆婆，都说联系不上。半年后，公公婆婆就把她"请"出了家门，离婚也已无可逃避。事实上，所有的不辞而别，都有无奈的理由，不告诉婚姻中另一方消失的理由，只是不想把最残忍的现实直接展示给对方。

其实，不管怎样提出离婚，都是一件让人悲伤的事情。我们能够做到的，就是在离开的时候，少一些伤害，多一些温暖。所以，尽量和平离婚，毕竟，彼此曾经爱过。

男人提出离婚，女人怎么办

　　婚姻中的女人，可能都害怕被丈夫抛弃，可谁又能够保证婚姻真的可以天长地久？当男人提出离婚，女人该怎么办？是一哭二闹三上吊，还是愤然离去？婚姻影响着女人的一生，面对男人提出的离婚，是全力挽回还是断然离婚，还请女人们认真思考、理性决策。

　　男人提出离婚，有时候并不意味着他已经出轨，离婚的原因有很多。

　　可能理由一：他们已经出轨，有愧于你，不敢再面对你；

　　可能理由二：他们身患重病，怕拖累你的未来；

　　可能理由三：他们突遇失业，怕你因此放弃他；

　　可能理由四：他们遭遇情敌，觉得对方比自己更适合你，想要成全你。

　　当男人提出离婚的时候，切莫慌张、愤怒和决断。冲动是魔鬼，先给自己和对方几天缓冲期，彼此好好沟通一下，了解对方提出离婚的真实理由。如果是上述四种理由之一，不妨采取如下对策：

　　对策一，如果他曾经做过对不起你的事情，让你非常愤怒，但如果这种事情以后绝不再发生，你可以选择继续和他将婚姻进行下去。

对策二，鼓励他说出自己的真实想法，帮助他消除内心的障碍。

对策三，和他共渡难关，不管是疾病还是失业，彼此都会一直陪伴。

对策四，告诉他，他眼里的那个情敌并不能对他构成威胁，因为你爱的只有他；有情饮水饱，只有和他在一起，你才会快乐，才能幸福。

当然，更多的时候，男人提出离婚，就是已经决定要离开，理由很简单：他不爱你了。也许他们有了新的选择，厌倦了这段情感，也许他们觉得你不合适他，总之，就是不爱了。这个时候，女人又该怎么办？

首先，给自己和对方一段考虑的时间，给婚姻一个起死回生的机会。在这一段时间里，不哭不闹，好好回想一下自己的婚姻过程，认真思考是否还有必要挽回这段婚姻。千万别觉得这个世界上只有他一个人爱你、理解你，也别觉得他抛弃你是你今生最大的不幸，客观评价你们之间的差异性和共同性，理性分析你们是否还有再次复合的可能，再次复合后，你们的婚姻之路还能走多远。

其次，咨询亲朋好友的意见。女人在婚姻中时，不管别人说什么都听不进去，而且很多亲朋好友也不愿意在女人面前泼冷水。在男人提出离婚时，女人的思维就会回归理性，就能相对客观地分析并接纳亲朋好友的建议。所以在这个时候，最好多多咨询亲朋好友的意见，听听旁观者对这段婚姻的看法。

再次，如果他真的不爱你了，不妨痛快离婚。无论你多么在乎这段婚姻，如果他坚决要离开你，不妨尊重他的选择，因为这也意味着尊重自己。爱，从来就是一项百转千回的事业，不曾被离弃、不曾被伤害，又怎能懂得如何去爱？婚姻是一种经历，但愿人长久，但并不是所有的伴侣都能够天长地久。

　　最后，平静地回忆你们的过去，然后哭吧，给自己一个释放的机会。哭过之后，擦干泪滴，重新开始。别让痛苦把你拴在悲哀的殿堂里，让大家看到你的坚强，离开他，你也可以过得很好、很幸福。

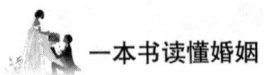

垂死的婚姻是否值得挽留

　　遭遇离婚时，婚姻中人的表现大体可以分为两种：一种是当机立断，快刀斩乱麻；一种是优柔寡断，藕断丝连。当机立断的，也许会因为缺乏慎重考虑而错过尚可挽回的爱情；优柔寡断的，也许会因为缺乏果断决策而让自己长久地陷入无法自拔的痛楚之中。所以，在遭遇分手时，首先要想明白的，就是这段婚姻是否还值得挽留。

　　那么，如何判断这段婚姻是否值得挽留呢？从自身的角度和对方的角度综合考虑，或许可以找到答案。

　　首先，从自身角度理性思考，放弃这段婚姻，对自己的未来是利大于弊还是弊大于利。如果有孩子，还要考虑孩子的未来。从感情角度讲，也许你舍不得、放不下，但这段婚姻真的对你有益吗？好的婚姻可以通过一个人看到整个世界，坏的婚姻是为了一个人舍弃世界。别被爱情冲昏头脑，在离婚危机来临时，一定要理性客观分析。分析婚姻维持的可能性、必要性以及维持婚姻之后你要面对的问题和你可以获得的东西；分析放弃婚姻的可能性、必要性，以及放弃婚姻之后你将失去的东西和你所能获得的新生活。不要说放不下、舍不得，要对比你所能承受的和你能够获得的，孰多孰少。婚姻不是数学题，但一定要理性分析科学比较，才能获得最正确的答案。

其次，从对方的角度考虑，他为什么要放弃这段婚姻，为什么不再坚持。他在这段婚姻里究竟付出了多少，收获了多少。别再想他的好、他的笑，也别再说他曾经爱过你，认真分析他爱你的原因，对比他在婚姻中的付出和收获。曾经有一个朋友，在丈夫向她提出分手时，痛不欲生。然而，当丈夫提出要分割她首付购买的房子时，她却释然了。因为，这个男人真的不能不放弃了，他不是为爱而来，而是为钱而来。这样的男人，早放弃早解脱。

最后，综合考虑各方面因素，确定是否要挽留这段婚姻。除了双方的个人因素，彼此的家庭因素、职业因素、地域因素等诸多要素，都需要综合考虑在内。

青青和老翟相恋9年后结婚，可结婚不到一年，青青就考上了重庆某大学的研究生，要到重庆去读研，不能再陪老翟在北京创业。而老翟少年时代的恋人，恰巧在此时从国外回来，想要和老翟重修旧好。眼看青青就要扔下自己奔赴重庆，而自己的初恋女友却又在眼前，老翟提出了离婚。青青难过极了，她既不愿放弃学业，也不愿放弃老翟。可当离婚摆在眼前，她除了接受，别无选择。于是，她提出在办离婚手续前，两个人吃一顿"散伙饭"。走入饭店，青青和老翟心情都很沉重，无心点菜，也无心吃饭。最后，根据女士优先的原则，青青先点了4个菜，分别是鲶鱼炖豆腐、小鸡炖蘑菇、东北大拉皮、家常拌豆腐，青青还特意叮嘱服务员："记住，都不要放姜和辣椒，我家老翟，哦，不，这位先生，他不吃姜和辣椒。"轮到老翟点菜，他却愣住了，这么多年，他几乎没在意过青青喜欢吃什么，从来都是他喜欢吃什么，青青就做什么，他只好对服务员说："就这些吧。"

菜上完后，服务员端着托盘走了进来，说"先生您好，这是我们特意为男宾准备的小礼物，还请您收下，送给您对面的女士吧！"托盘里是一朵娇艳的玫瑰，老翟突然就想起九年前，自己第一次送花给青青的情景。那时，他们租住在不足10平方米的地下室里，很穷困却很幸福。那一年的情人节，他为她买了一朵红玫瑰，她幸福得流下了眼泪。9年后的今天，他的公司已初具规模，她也考上了研究生，然而两个人却走到了爱情的尽头。

饭桌上，气氛越来越伤感，突然"啪"的一声，灯熄了，整个包房漆黑一片，外面警铃大作，刺鼻的烟味儿飘了进来。"怎么了？"两个人慌忙起身。"起火了，起火了！"外面有人声嘶力竭地喊。"老翟！"她一下扑进了他的怀里。"别怕！有我呢！"他紧紧搂着她，拥着她跑出包间。外面烟雾弥漫，老翟搂着青青，在拥挤中跌跌撞撞向外冲。老翟被混乱的人群四处推搡，他用整个身体包裹住青青，避免她被人流撞到，拼命向外挤。最后，老翟的手臂不知被什么挂住，在挣扎中划伤了。最终，老翟和青青冲出了饭店，青青看着老翟鲜血直流的手臂，紧紧拥抱着老翟说："我们不离婚，好吗？我们过一辈子，好吗？"老翟低头看着泣不成声的青青，坚定地说："好！"

莎士比亚曾经说过，"再好的东西，都有失去的一天。再深的记忆，也有淡忘的一天。再爱的人，也有远走的一天。再美的梦，也有苏醒的一天。该放弃的绝不挽留。"如果这段婚姻不值得挽留，那么，就赶紧放弃。可如果这段婚姻，像上面故事里的婚姻一样，在死亡的威胁面前，仍旧不离不弃，那么，就请你赶紧着手拯救婚姻吧。

拒绝离婚是否能够留住爱情

古文讲，宁拆十座庙不毁一门亲。很多中国女性，抱有"生是你的人，死是你的鬼"的传统婚恋观，宁可天天独守空房，也不肯放弃名存实亡的婚姻。听说有一个朋友的哥哥，为了离婚，整整折腾了 20 年。20 年过去，青春已不在，他才重获自由身。还有一个朋友，丈夫离家整整 5 年，5 年间，她一个人带孩子，一个人工作，一个人生活，苦苦等待丈夫回心转意。直到 5 年后，她检查出患有癌症，才终于决定放弃、同意离婚。婚姻中的女人在遭遇离婚时，除了拒绝还是拒绝，她们不愿直面婚姻的失败，也不肯放弃曾经的旧爱；所以，在离婚面前，她们似乎无路可走，只有拒绝。可是，拒绝离婚就能够留住爱情吗？连法律都不能保证婚姻的长久，你的拒绝又能有多大效果呢？

北京"中国宋庄"画家村，流传着这样一个故事：

有一位画家，风流倜傥，先后谈过数十位女友，最后，终于选定了一位女友做自己的模特兼伴侣。然而这位画家的婚姻仅仅坚持不过 3 年，画家就向妻子提出了分手。妻子不肯，赖在家里不肯走。画家无奈，就给了妻子很大一笔钱，据说达到 7 位数。两个人原本说好，钱一汇入妻子的账户，她就搬出画家的房子。可钱汇入之后，妻子又反悔了，死活不肯搬走，就是拒绝离婚。最后，画家不得不动用武力，把妻子的东西统统扔了出去。然而妻子还是不肯分手，每天到画家门前砸门、吵闹，不得已，画家锁门躲了出去。没想到，妻子竟然撬门而入，再次入住。恼羞成怒的画家返回家中，操起菜刀，狠狠向妻子劈去，结果妻子宁可挨刀也不分手。最后，画家砍掉了妻子 4 根手指头，被捕入狱，而他的妻子也只能在高墙外苦苦等待了。这个故事在宋庄广为流传，年轻而风流的画家们，都喜欢用这个故事来教导自己的妻子，千万别试图用拒绝离婚来留住爱情。

当然，这个故事多少有些偏激，但对于婚姻中的女人来说，却值得借鉴。别说你"打死也不离婚"，如果他的爱已经烟消云散，你的拒绝，不仅不能换回他的爱恋、留住他的爱情，反而会让他对你更加厌恶、更加反感。爱情就像皮球，它要跳起来逃掉的时候，你越拍它，它跳得越高。拒绝离婚不仅不能够留住爱情，还会把彼此残留的美好回忆统统毁掉。

一个老邻居，年近五十，离家一年有余，夫妻感情冷淡。春节前，他回家离婚，说自己有了新欢，宁愿将半世辛劳拱手赠予妻子也要离婚。可他的妻子就是不肯离婚，还惊动了老邻居的父母兄弟。由于老邻居的父亲曾经是本市的一位官员，兄弟也身居要职，所以一时间，满城风雨，亲友皆来相劝。为了断绝老邻居与情人的关系，他的妻子没收了他的手机，时时刻刻、寸步不离地看着他。老邻居的父亲在暴怒之下生病住院，母亲也气病了，连女儿都跟老邻居说，"你要是走了，我就再也不认你这个爸爸了"。老邻居的妻子还把 QQ 签名改成了"爱的永恒"。最后，老邻居离婚未果，在父母病愈出院后，偷偷离开了家，从此再没有回来过。留给妻子的，除了全部的财产，就是无尽的等待。妻子在日复一日的等待和纠葛中衰老。

其实，从一开始，妻子就错了。年近五十，和你和睦相处了二三十年的男人，如果宁愿净身出户，也要和你离婚，那么爱情就真的已经荡然无存了，即便还有亲情，恐也难续。即便拒绝、施压、看管，又能如何？看得了人也看不了心，最后只落得空耗心力、备加伤怀。

春已走，花又落，婚姻走了别强留；情灭了，爱熄了，用心良苦终成空。懂得放弃和改变的女人，即使不再漂亮、不再年轻，仍然可以一辈子做自己！婚姻飞走的时候，别再苦苦挽留，在人生的道路上，你并没有输得一无所有，你还有自己可以依靠。选择放弃吧！放弃，是女人站起来的另一种姿态。

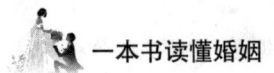

离婚后还能不能做朋友

离婚后还能不能做朋友，这是很多婚姻中人都为之困惑的一个难题。有人说，离婚后我们不能再做朋友，因为彼此伤害过，如果离婚后还能做朋友，只有两个原因：一是彼此从来没有真的相爱过；二是二人中有一个人始终在无怨无悔地付出。这两个理由虽然有些偏颇，却也说明了离婚后的无奈。当然，离婚后还是好朋友的例子也有很多。

歌坛天后王菲，曾与李亚鹏结婚，女儿李嫣的出生还曾轰动一时，之后二人离婚，不过二人始终是好友。

离婚之后做朋友，实在是爱情里最富挑战性的行为。这种朋友，比爱人疏远，比朋友亲密；这种情感，比友谊复杂，比爱情简单。因为曾经爱过，所以必然还夹杂着很多的情感。能够在离婚之后做朋友，需要两分执着、三分豁达和五分忘怀，才能真正把对方当朋友。

从中学起，他和她就吵吵闹闹地谈起了恋爱。从过马路是不是必须走人行横道，到街头的牛肉面里该不该加洋葱头，大事小情，两个人总要或长或短、或轻或重地争辩一番。从初中二年级到大学毕业后结婚，两个人始终吵闹不休，两只手牵了放，放了牵。十多年后两个人终于都觉得累了，决定离婚。离婚那天，两个人吃了最后一顿散伙饭。那几乎是这十多年来，少有的和谐，两个人从点菜到吃饭，没发生丁点儿争执，不仅你谦我让一团和气，而且在饭后，还惺惺相惜地约定：离婚以后，还要做朋友。

为了这个美好的约定，他们保持着一种客套而周全的关系。甚至他连他的新女友，都领到她面前，请她过目。她觉得那个女孩外表美丽一脸无知，时尚有余品位不足。而他，却宁愿选择这样胸大无脑的女人，也不愿意与自己复婚，内心的忧伤再次弥漫开来。他却穿着西装，还一脸兴奋。在她和他共同生活的十多年里，他最不喜欢穿的就是西装，任她怎么哄、怎么闹，再好的西装他都不肯穿，嫌太拘束。可现在，不过是陪新女友一道出来逛街，请她过目而已，竟然如此一丝不苟地穿了西装，让她颇觉心酸。

那次见面后，她回到家中，独自垂泪。她没想到，自己会那么在意他身边有了新的女人，自己会那么难过他为另一个女人所做的改变。她心里空落落的，满腹都是说不出道不明的忧伤。她终于明白，在这场婚姻之后，自己无法豁达到可以和他做朋友，因为自己还会流连于往日那些令人百感交集的细节，还会伤感于他不曾为自己做出改变和对自己造成的伤害。所以她决定，离婚后不再做朋友。

很多时候，"离婚后我们还是朋友"，只不过是婚姻中人的美好愿望而已。真正离婚了，彼此就成了他乡的月亮，阴晴圆缺，从此与自己再无瓜葛，也不应再有瓜葛。

第十章
努力走出阴霾，拥抱美好人生

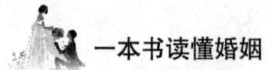

走出离婚后的心理旋涡

古希腊哲学家苏格拉底与失恋者曾经有过这样一段对话："孩子，为什么悲伤？"失恋者回答："我失恋了。"苏格拉底说："哦，这很正常。如果失恋了没有悲伤，恋爱大概也就没什么味道了。"月有阴晴圆缺，人有悲欢离合，此事古难全。没有谁在一开始就能够保证自己是婚姻里最幸福的那个人；一生只爱一个人，不离不弃不分手。然而，爱一个人很难，放弃自己心爱的人更难。真正离婚的时候，谁也无法躲避内心的伤痛。人总喜欢生活在过去，我们用一分钟的时间认识一个人，用一小时的时间去喜欢一个人，再用一天的时间去爱上一个人，到最后，却要用一辈子的时间去忘记一个人。离婚后，此去经年，应是良辰好景虚设。便纵有，千种风情，更与何人说。梧桐树，三更雨，不道离情正苦。一叶叶，一声声，空阶滴到明。

遭遇离婚，是人心中最大的痛。昨晚还无语执手相望，一起憧憬明天，今晚就变成了再也不会为彼此心痛的陌生人。曾经心痛为何变得陌生？爱情就像人生，走过了就不能重来，这些道理都懂，可真正面对时，却依旧放不下！离婚的时候，那个痛不欲生的"我"，虽然很多道理都懂，可真正要放下曾经深爱的那个人，却如同死去一般痛楚，如同重生一般艰难。

一旦遭遇离婚，大多数人情难自控、悲从中来。有人因为离婚，食不能咽、寝不能寐，抑郁消沉、快乐不在。问世间情为何物，直教人生死相许。杜十娘怒沉百宝箱的故事妇孺皆知，在心上人李甲将自己转卖商人孙富后，她怒沉百宝箱，纵身跳入江中，这就是遭遇伤害之后的过激行为。当今社会，也有不少年轻人，在遭遇离婚后无法承受，有的患了心理疾病，还有的选择了自残甚至自杀。有科学研究显示，离婚后，许多人都会表现出不同程度的心理创伤，严重者甚至会影响个人的身心健康，进而产生一系列的心理问题。

所以，在遭遇离婚时，一定要学会调整自我情绪，寻求心理救助。别说自己痴情，愿意守着一份不可能的婚姻憔悴一生。并不是每个人都值得你去痴情，对方离开了，是因为配不上你的痴情。也许这场爱，本身就是一个错误，不要听凭痛苦的折磨，用心去寻找放弃的力量。

下面，为遭遇离婚的人提供几味心理救治的良药，不许拒绝救治，必须挨个服用。就算你心痛到生不如死，也请先把这几味药吃掉。

第一味，眼不见为净。

服用方法：外敷。

主要成分：清理旧物、烧毁照片、远离旧景，丢弃或者出售任何与对方有关的东西，拒绝再见到任何和对方相关的人。

药理作用：避免睹物思人，避免触景生情，避免往事重提。

第二味，寻找替代品。

服用方法：内服。

主要成分：开放内心、积极寻找、多多社交。

药理作用：天涯何处无芳草，何必单恋一枝花。三条腿的蛤蟆不好找，两条腿的人满大街都是。别说最美的树还是记忆中的那一棵，你才见过几棵树？

第三味，求助于友情。

服用方法：外敷。

主要成分：向好友倾诉、找人聊天、拖朋友逛街、要挚友来陪。

药理作用：爱情是灯，友情是影子；当灯越来越远，你会发现，你的周围都是影子。朋友，是在最后可以给你力量的人。

第四味：旅行。

服用方法：外敷。

主要成分：跟团旅游、跟驴友一起自助游、和亲友一起出游，或者独自出游。

药理作用：一个人走走陌生的路、看看陌生的风景、听听陌生的歌，然后在某个不经意的瞬间，你会发现，原本费尽心思想要忘记的那个人，真的就那么忘记了。

第五味：转移注意力。

服用方法：内服。

主要成分：拼命工作、努力学习、认真读书、修炼自我、塑造形体、重塑内心。

药理作用：一个人一生可以爱上很多人，等你获得真正属于你的幸福之后，你就会明白，曾经的伤痛其实是一种财富，因为它让你学会更好地去把握和珍惜你自己。

婚姻失败是错误爱情的结束

在婚姻里，男人的世界是世界，女人的世界是男人；男人是女人唯一的太阳，女人是男人的一颗星星；男人忘我地投入，女人投入得忘我；男人追求女人在那一刻，女人追求男人终其一生……爱情是瞬间的爱意，永恒的牵念，一念起，万水千山；一念灭，沧海桑田。有些人在离婚之后，爱意熄灭，甚至失去了生活的力量，浑浑噩噩。对于这些人来说，离婚就是人生最大的绊脚石；绊倒了，就很难爬起来。

20世纪80年代初，香港著名电视艺人翁美玲，为情所困，在家中开煤气自杀，卒年26岁。1983年，翁美玲在热播电视连续剧《射雕英雄传》中，扮演了古灵精怪的黄蓉，因此一炮走红。然而，在与当时同刘德华、梁朝伟、黄日华、苗侨伟并称为八十年代香港"五虎将"之一的汤镇业的恋爱过程中，她却屡屡受挫。早在1985年的农历新年之前，翁美玲就因听说汤镇业移情别恋，赌气自杀，事后后悔，自救成功。此后，她又因与汤镇业争吵，打开煤气自杀，幸被朋友制止。当年5月初，翁美玲与汤镇业第一次以情侣身份在电视剧中合作，开拍《拆档拍档》（又名《桥王之桥》），两人在化妆间卸妆时，汤镇业没有等待翁美玲卸妆结束，就先行离去，翁美玲气愤至极。第二天，汤镇业取走了放在翁美玲家中的所有衣物，两人分手。5月13日，翁美玲给汤镇业的传呼机留言："如果不复机，将永远听不到我的声音"。5月14日凌晨2时，翁美玲打电话给好友，说自己十分辛苦，活着没意思。当晚，好友到翁美玲家楼下探望，但没被翁美玲获准进入。早上7点，好友怎么也敲不开翁美玲的家门，焦灼中破门而入，发现翁美玲已因煤气中毒身亡。在日历牌上，翁美玲留下了最后一句话：DARLING I LOVE YOU。就这样，这位倔强而专情的"绝代佳人"，香消玉殒。

法国一代文豪雨果的二女儿阿黛尔·雨果，一生为情所困。她漂洋过海的追爱历程，于1975年被拍成了电影，一经放映，轰动一时。1861年，31岁的阿黛尔遇见了英俊年轻的军人皮森，坠入了情网，两人约定相守一生，从此，阿黛尔便把全部身心交给了皮森。然而，就在阿黛尔满心憧憬之际，皮森却突然消失了。阿黛尔经多方辗转终于打听到，皮森被分派到某地服役，她便追随而至。原本以为，皮森会为自己的到来备感欣喜，却不料，皮森见到阿黛尔不仅没有一丁点儿笑容，反而提出了分手。痴情的阿黛尔无法接受这个事实，她不相信皮森不再爱她。她开始想方设法寻找与皮森见面的机会，甚至将父亲寄给她的生活费全部送给了皮森，还偷偷潜入皮森的住所偷窥皮森的生活。

然而，事实的真相，让阿黛尔几乎崩溃——皮森居然要结婚了。阿黛尔无法接受这个事实，精神处在崩溃的边缘，她不顾父亲雨果的阻拦，偷偷追随皮森到他服役的小岛。直到皮森无意间，在大街上认出蓬头垢面的她。阿黛尔疯了，她被爱情击垮了，后来，雨果将女儿阿黛尔送进了精神病院。痴情的人，有一颗凋零的心，宛如《胭脂扣》里的如花，总是相信与她一起殉情的十二少会来找她，结果，她等来的却是一个迟暮的老人。

分手本寻常，谁也不能保证自己有一双慧眼，能把这个世界看得清清楚楚、明明白白、真真切切。在离婚面前，放自己一条生路，别让离婚成为人生的绊脚石，别把孽缘当成一辈子的痴恋。别说你难过，熬不过分手的凄凉，扛不过背叛的绝望；背不起十字架，就戴不起幸福的皇冠。别让离婚成为人生的绊脚石，纵然离婚时你的内心必须从烈火中锻造，从刀山上爬过，你也要活着，而且，要活得有精神、有气节、有未来。

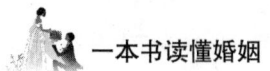

善待那个自己曾经爱过的人

"被离婚"的人，大多心存不甘、满腹愁怨，恨不得要求那个负心人赔自己一架时光机器，回到从前，再不爱对方，再不付出，再无忧伤，再无离婚。即便是自己移情别恋，但还是难免心有怨恨，恨对方没有对自己更好一些，没有给自己想要的生活，没有挽留自己，更没有痛哭流涕。于是，离婚之后，难免会有人行为偏激，或攻击、中伤前任。其实，不管是为了现在还是为了将来，我们都应该善待那个曾经爱过自己的人。既然选择分开，就不要再互相伤害。离婚之后，如果还会想到对方，那么不妨就想想对方的好，因为你们曾经爱过。别管最后是谁伤害了谁，对于你来说，留存些美丽的记忆，总比念念不忘那些伤害更好。

善待那个曾经爱过的人，首先要忘记他对你的伤害。这并不是说，要原谅他的过错，忘记他的背叛，而是要忘记曾经的伤害。对伤害念念不忘的人，不可能快乐、也不可能幸福。1992 年，香港演员温碧霞、温兆伦主演的电视连续剧《火玫瑰》，就讲述了一个复仇的故事。海潮是一个坚强进取的少女，本应过着宁静幸福的生活，但命运却安排她背负家仇，被奸人逼害，为了活下去，她不得不奋起反抗。然而，复仇的代价是，海潮失去了爱情、安宁与幸福的生活。忘记仇恨吧，只有宽恕，才能快乐。善待那个曾经爱过的人，不是因为那份爱有多珍贵，也不是因为那个人有多贤良，而是因为你曾经爱过。既然爱过，就不要说抱歉；既然爱过，就尊重自己曾经的选择。痛苦也是人生重要的财富，不要轻易典当；曾经爱过你的人，前世一定与你有缘，不要言语虐待。如果那个人今生真的负了你，那是因为你前生负了他，红尘轮回，无须计较。把美好的记忆留给自己，把曾经的伤害抛给过去。善待那个曾经爱过的人，就是善待自己。

善待那个曾经爱过的人，还要隐藏你对那个人的伤害。既然已经分手，就请把最美好的自己留在他的记忆里。有一个朋友，因为有了新的选择毅然和爱人离婚。爱人不明缘由，苦苦追寻了她好久，最终心灰意冷，离开了这座城市。朋友最终没有如愿获得新的婚姻，满心不快时，听说了前任的婚期，打电话过去询问。前任接到她的电话，依旧悲伤不已，问她半年前为什么决绝地分手。她幽幽地说："我背叛了你，所以我无法再面对你。"电话那头，沉默良久，最后，前任在电话那头哀哀地说："你为什么要告诉我，为什么要告诉我？我从来不相信你会背叛我，你在我心里一直是那样的美好！"是啊，为什么要告诉他这样残酷的事情呢？有些真相，不知道远比知道更好。请善待我们曾经爱过的那个人吧，在你心中，他或许已经失去了昔日的光环，但你们毕竟曾经爱过。在你离开他的时候，是否可以给这个曾经陪伴你一起走过许多时光的人，一点坚持下去的尊严？

为什么不能善待那个曾经爱过的人呢？善待他，就是肯定自己曾经的选择和付出，肯定自己曾经的婚姻。放爱一条生路吧，因为，你曾经爱过；

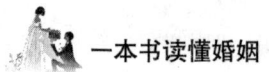

因为，你用自己的韶华换取了一段爱恨交织的记忆。

所以，离婚之后，还请善待那个曾经爱过的人。这份善待，是对自己和对方的尊重，也是对婚姻的尊重。

别再犯同样的错误

在婚姻的长河里，很多人都会犯同样的错，被同一块石头绊倒。要想在再爱时不重蹈覆辙，就要跟自己的老观念老习惯作斗争，要思考以前从不思考的问题，拒绝以前总是纠缠的问题，还要努力去做以前从来不做的事情，说以前从不肯说的话。只有这样，才不会两次踏进同一条失败的河流，再婚时才能不犯同样的错。那么，如何才能避免再婚时不犯同样的错呢？只有从婚恋方法、婚恋模式和婚恋行动三个方面来彻底改造自己，才能真正避免重蹈覆辙。

首先，要从婚恋方法方面改造。受成长环境的影响，每个人都会有一些自己看不到的观念习惯。这些观念和习惯可能就是阻碍你婚姻成功的绊脚石，而你总会在不自觉的情况下被它绊倒。避免重蹈覆辙的方法之一就是自我认知——自我检讨——自我改变，只有这样，你才不会再次跌倒在同一个地方。

汪锦两次婚姻失败，都是因为太依赖。第一任丈夫志杰，就是因为受不了她的"纠缠"，才不得不逃脱。汪锦与志杰是夫妻也是同事，每天早上到公司后，要是没看到志杰给自己泡好咖啡，汪锦就会很不高兴；中午两个人在食堂吃饭，志杰要负责排队打饭；下班后汪锦还要志杰陪她一起回家，要是哪一天志杰因为加班或别的原因不能和她一起，她就会生气好几天。就这样，结婚两年后，志杰终于受不了汪锦的依赖，开始逃离，不管汪锦怎样哭闹，志杰都执意分手。与第二任丈夫傅智在一起，两人最终结果也差不多，傅智说汪锦太软弱太依赖，最后也决然离去。汪锦在难过了很长一段时间后，终于明白，自己是被同一块石头绊倒了。为了避免自己故态复萌，汪锦决意要和自己的老习惯斗争到底，不能再让自己的过度依赖把另一伴吓跑。

其次，要从婚恋模式上改造。婚姻不是工作，不能用一成不变的思维方式去对待。很多女性一旦走入婚姻，就难免"一根筋"，心里想着为了婚姻我要如何改变自己，要怎样付出，为了他我可以做到哪种程度等，却从不思考对方到底是否真的需要你的改变，而你的改变对你的人生甚至他的人生是否有正面的影响，只是一味地按照自己的方式去判断婚姻的对错。要想避免重蹈覆辙，方法二就是逆向思维——整体认知——全面思考。

燕子比较晚熟，上学期间始终没有谈过恋爱，毕业后也是先工作后恋爱，在职场打拼了几年，才开始人生第一次恋爱，恋爱三个月后就结婚了。毫无婚恋经验的她，所有的思维模式都是套用职场生涯的经验。燕子的工作是销售，而销售的工作室理念就是，"客户就是上帝，你要想达到目的，就要从自身找问题，改进自身的态度和方式"。于是在婚姻里，她也套用了这样的思维模式，每次吵架，都是她主动认错低头，都是她劝对方别生气了。她改变自己来适应对方，可未曾想，越是这样，对方的脾气就越大。后来，燕子发现在对方的手机里，还有他和别的女孩的暧昧短信，她伤心极了。离婚时，对方竟然还说都是燕子的错。燕子这才恍然大悟，原来，自己的思维模式完全错了，婚姻是两个人的事情，不能一味地追问自己错在哪儿了，要考虑两个人如何调和，要思考如何让对方明白他的过错。

最后，要从婚恋行动上改造。如果另一伴对你的要求超出了你固有的行动范围，你自然会感到恼怒，进而拒绝、否定。但没有什么事情是绝对的，你今天不可以做的事情明天不见得还不可以做，你为人子女时不做的事情，等到你做妻子、母亲的时候也许就要去做，要明白社会、家庭的要求，除非你拒绝成为别人的伴侣。所以，乐于突破从前的行动底线，接受未曾做过的事情，积极行动才是避免在婚姻里重蹈覆辙的第三个要诀。

丹丹最不喜欢做饭，从小到大都娇生惯养，没有做过一顿饭。结婚时，丹丹就骄傲地跟丈夫宣布："我不会做饭，一辈子也不会做！"最后两个人离婚的时候，丹丹问他为什么不再爱自己了，对方的回答是："你让我找不到家的感觉。"为此，丹丹思考了很久。有朋友指点她，"要想拴住男人，一定要先拴住男人的胃"。丹丹不以为然。结果再恋爱，男友竟然主动提出教丹丹做饭，丹丹不得不认真思考这个问题。她终于明白，自己必须改变，必须在行动上改变自己，否则，这次恋爱就算走进了婚姻也难免夭折。如今的丹丹，天天下厨做饭，不管做得好不好吃，至少她有决心改变自己，告诫自己再婚时不再犯同样的错。

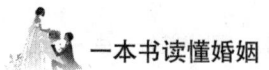

别让离婚的阴影遮住了阳光

　　婚姻中的人，生活在爱情的阳面，日沐阳光；离婚的人，躲进残爱的阴面，分秒是痛。有的人，在离婚的阴影里厘清思绪，浴火重生；而有的人，却在离婚的痛楚里纠缠不休、停滞不前。别被离婚的阴影蒙蔽了双眼，不要因为失去了最爱的人而陷入无尽的痛楚。要知道，人生还很长，值得我们爱的不仅仅只有一个。也不要因为遭遇一两个坏男人就断定全世界的男人是"天下乌鸦一般黑"。世界上坏男人有很多，你碰见一两个很正常，但世界上好男人也很多，轮也能轮到你碰到一两个。

　　2001年，有一部风靡一时的韩剧《生命花》，主演是韩国著名演员朴贞熙和崔民勇，该剧讲述的是一个女人被失恋的阴影蒙蔽了眼睛，不敢再爱的故事。朴贞熙扮演的李英珠是一个单身母亲，一直生活在失去恋人的阴影中，不肯接受现实生活中那个默默躲在角落里，保护她、照顾她的男子。

　　大学时的同学瑛子，在大学期间，疯狂爱上了一个不负责任、不懂珍惜的男生，为了他，她付出了一切，甚至放弃了父母好不容易为她争取到的留校名额，跟随那个男生回了贵州老家。然而，她为之付出一切的那个男人，最终还是抛弃了她。从那时到现在，近十年的时间，她始终困在那段阴影里走不出来。曾有一个好男人，靠近她、呵护她，可她还是逃离了。她像个躲在阴影里的孩子，不敢走出去，害怕太阳的背后，隐藏着她无法承受的狂风暴雨。

人都是脆弱的。很多时候，一次失败，足以让我们不敢再爱，躲进离婚的阴影里止步不前。对人伤害最大的东西，就是怨恨和内疚。前者让人把恶毒的能量对准他人，后者则是调转枪口把这种负面的情绪对准自己。你可以愤怒，然后采取行动；你也可以懊悔，然后改善自我。但请你放弃怨恨与内疚，走出离婚的阴影，因为沉闷、怨恨、不满、禁锢除了让人更加丑陋、消沉之外，绝无任何益处。

不管阴影之外是阳光还是风雨，都要走出阴影，勇敢向前。人生的路还很长，要相信自己、相信生活，未来肯定还会有一份真爱在远方等着你。印度诗人泰戈尔曾说："生命因为有了爱才有意义，生命因为失去了爱才变得更为富有。"所以，勇敢从离婚的阴影中走出来吧，离婚并不可怕，所有的痛苦，终究会成为你未来最大的财富。

要想走出离婚的阴影，就要学会忘记、放弃和自信。

忘记是帮助你走出阴影的拐杖。

忘记他的好、他的笑、他的声音和他的拥抱，忘记他的错误、他的伤害、你的付出和你的过失。不管过去如何灿烂、悲苦、无奈、可惜，上天已经用结局告诉你：他不属于你。所以，最好将关于他的一切统统忘记。就像丢失了一个钱包，即便念念不忘很多年，你也无法再找回那只丢失的

钱包，不如从丢失的那一刻起，就竭尽全力让自己忘记。

放弃是帮助你走出阴影的良药。

不要再追问上一场婚姻里到底谁对谁错，也不要再计较失去的婚姻里，究竟是谁背叛了谁。放弃所有与他有关的追问，放弃探听他的消息；他的一切，已经与你无关。你能够做的，就是放弃。你甚至可以选择放弃和他有关的城市、和他有关的朋友，甚至，和他有关的事业，然后，重新开始活出一个新的自己。

自信是帮助你走出阴影的阳光。

其实，除了自己，谁也帮不了你。看过《老人与海》的人，一定还记得老人与鱼的挣扎和搏斗，那是怎样的意志和力量！没有人能够真正赋予你走出阴影的动力，除了你自己。不要跟自己说我很脆弱，不要问自己失去了他一生还有什么意义。人生不止婚姻这一件事，爱你的也不止他一个。相信自己拥有无穷的潜力，相信自己的人生注定会越来越好、越来越幸福。相信谁都不如相信自己，只要你迈出第一步，阳光就会照在你的身上。

有首歌，叫做《相信真爱》。歌词里这样写道：因为孤单／所以坚强／想凭自己／找到天堂／忘了身边有个肩膀／值得依靠／值得向往／虽然感觉自己那么渺小／但也总会有人觉得重要／当你回头看见这一路上／风雨过后／总会晴朗／真爱不应该等待／要用心去找／那些未知的惊喜／让生命精彩／答案总会在最后／这一刻揭晓／会看见属于你的荣耀／相信真爱／如果爱是一种信仰／能将绝望变成希望／每当灵魂失去重量／让我给你这一双翅膀／也许活着总有太多挣扎／才让真心变得微不足道／当你回头看着那片天空／就会发现／爱在闪耀。迈步走出阴影吧，相信真爱，就在前方。

后 记

　　还记得电影《飞屋环游记》吗？故事从小男孩卡尔和小女孩艾丽的飞屋梦想开始，展现了两个青梅竹马的年轻人成长、结婚，最后生活在一起的爱情故事。长大后的艾丽，做了动物园管理员，而长大后的卡尔，则弄了一辆车专门卖氦气球。两个人都梦想着到南美洲"仙境瀑布"去探险，但却始终都疲于生计，直到艾丽病逝，这个愿望也没能实现。在艾丽病逝后，卡尔用五颜六色的气球，拽着整幢房子飞向了天空，飞屋在空中俯瞰大地，飞向"仙境瀑布"。最后，飞屋飘落在"平顶山脉"的仙境瀑布边，卡尔终于实现了他和艾丽一生的梦想。

　　爱情是什么？爱情就是在对的时间找到那个对的人。婚姻是什么？婚姻是和对的人过一辈子对的日子。读懂婚姻才会幸福，如同艾丽，就算生命不在，梦想也会由心爱的人实现。